ŒUVRES

COMPLÈTES

DE REGNARD.

TOME V.

DE L'IMPRIMERIE DE CRAPELET.

ŒUVRES

COMPLÈTES

DE REGNARD,

AVEC DES AVERTISSEMENTS ET DES REMARQUES SUR
CHAQUE PIÈCE, PAR M. GARNIER.

NOUVELLE ÉDITION.

TOME CINQUIÈME.

A PARIS,

CHEZ HAUT-CŒUR, LIBRAIRE,

RUE DES GRANDS-AUGUSTINS, N° 1.

1820.

PREFACE.

LES tomes V et VI de cette nouvelle Édition contiennent les comédies que Regnard a composées pour l'ancien Théâtre Italien; on ne les trouve que dans le recueil de pièces italiennes publié par Gherardi, et qu'à la suite d'un petit nombre des exemplaires de l'édition des OEuvres de Regnard publiées en 1790 par les Libraires associés (1). Si ces Libraires ne crurent pas devoir joindre ces comédies à tous leurs exemplaires, c'est sans doute parce qu'on les a jugées fort inférieures aux pièces que Regnard a composées pour le Théâtre François; elles le sont en effet; cependant il y auroit de l'injustice à leur refuser toute espèce de mérite, et nous ne pouvons les croire indignes de figurer à côté des chefs-d'œuvre de leur auteur.

Les défauts qu'on peut leur reprocher tiennent

---

(1) Les quatre premiers volumes de cette édition ont été tirés à deux mille exemplaires, et les tomes V et VI, contenant les pièces italiennes, n'ont été tirés qu'à cinq cents exemplaires.

à la scène pour laquelle elles étoient destinées. En général, les comédies de l'ancien Théâtre Italien étoient faites avec irrégularité, on peut même dire avec licence; c'étoient, pour la plupart, des intrigues communes, mal tissues et vides d'action : on suppléoit à ces défauts par des scènes épisodiques.

Tout informes qu'elles étoient, ces comédies plaisoient cependant au public, et à un public éclairé, qui, en sortant d'applaudir aux grandes pièces de notre scène françoise, ne dédaignoit pas d'aller sourire aux bouffonneries de la Comédie Italienne; et non-seulement elles ont été accueillies favorablement à la représentation, mais elles se sont soutenues à l'impression; elles ont plu sans le secours des autres pièces du même poète : nous disons plus, elles ont servi à en soutenir d'autres, et l'on peut même assurer que c'est aux pièces de Regnard que le recueil de Gherardi a dû la plus grande partie de son succès. Ainsi, en joignant ces comédies aux autres Œuvres de Regnard, nous n'avons pas à craindre qu'on nous fasse le reproche d'avoir grossi notre édition de pièces indignes de leur auteur.

PRÉFACE.

Il est de notre objet, en donnant ces comédies, de dire un mot du Théâtre Italien, pour lequel elles ont été composées.

On ne donnoit d'abord à ce théâtre que des canevas; les acteurs les remplissoient : le jeu de ces acteurs et le goût que le public prit pour la langue italienne soutinrent pendant quelque temps ce genre de spectacle; mais ce goût ayant cessé, le jeu des acteurs fut insuffisant, et la salle devint déserte.

Quelques acteurs imaginèrent de parler françois, et par là ils ramenèrent le public. Dominique, ce fameux arlequin, dont le nom est toujours cher aux amateurs du spectacle italien, se permit le premier, dit-on, de parler la langue nationale, jusqu'alors étrangère à son théâtre. Cette nouveauté éprouva des contradictions; Dominique les surmonta, comme tout le monde sait; et depuis ce temps les principaux intrigants de la scène italienne, l'Arlequin, le Mezzetin, le Scapin, etc., sont demeurés en possession de parler françois.

Insensiblement les autres acteurs les ont imités. On a hasardé des pièces presque entièrement françoises ; quelques scènes italiennes courtes, et confiées aux acteurs les moins goûtés du public, ont été les seuls vestiges que l'on ait conservés de l'ancien établissement. On peut fixer l'époque de ce changement à l'année 1687 ou 1688, et il a duré jusqu'à la suppression de la troupe en 1697.

Quand on commença à parler françois au Théâtre Italien, de jeunes auteurs composèrent des scènes pour les acteurs qui avoient obtenu ce privilége, mais ils s'asservirent peu à l'intrigue principale de la pièce ; ils ne songèrent qu'à donner des morceaux d'un comique chargé et propre à faire ressortir le jeu de ceux pour qui ils travailloient.

Quelques auteurs se sont entièrement consacrés à ce théâtre ; tels ont été Fatouville et Montchesnay : nous croyons pourtant qu'ils auroient pu se promettre quelque succès sur un autre théâtre, et peut-être la scène françoise a-t-elle à regretter qu'ils ne lui aient pas donné quelques instants.

D'autres se sont contentés d'y faire l'essai de leurs talents. Regnard et Dufresni sont de ce nombre. C'est sur le Théâtre Italien que se sont

PRÉFACE. 5

d'abord exercées les plumes qui nous ont donné le *Joueur*, le *Légataire*, les *Ménechmes*, le *Double Veuvage*, le *Dédit*, etc.

Ce n'est pas cependant que ces deux auteurs aient regardé la scène italienne comme une école qui ne dût être fréquentée que par les commençants; ils n'ont pas dédaigné d'y travailler dans le temps même qu'ils jouissoient de toute leur gloire, et nous voyons qu'ils donnèrent ensemble aux Italiens leur comédie de la *Foire Saint-Germain*, dans la même année qu'ils ont donné aux François la pièce du *Joueur*, l'un des principaux fondements de leur réputation.

Les comédies de Regnard destinées au Théâtre Italien, ont toutes été données dans l'intervalle dont nous avons parlé, de 1687 à 1697.

Nous croyons encore devoir donner quelques éclaircissements sur les acteurs qui ont joué dans les pièces que contient ce recueil.

Les personnages n'avoient pas, à la Comédie Italienne, des noms purement arbitraires; un acteur choisissoit un caractère qui lui restoit propre; il imaginoit pour ce caractère un habillement particulier qu'il ne changeoit plus, et un nom sous lequel il étoit connu du public.

PRÉFACE.

Ainsi, les acteurs italiens n'étoient jamais étrangers à leurs rôles, comme le sont les acteurs des autres spectacles. Dans les pièces françoises, par exemple, le poète ne s'occupe que du personnage; il force l'acteur d'en prendre le caractère et le ton. Dans les pièces italiennes, au contraire, l'acteur étoit le modèle; et le caractère théâtral qu'il s'étoit donné, faisoit la loi à l'auteur qui l'employoit : on savoit d'avance comment devoient agir, parler *le Docteur*, *Arlequin*, *Pierrot*, etc. On jugeoit la pièce sur le rapport qu'elle avoit avec la conduite et le langage qu'on supposoit à ceux qui portoient tel nom et tel habit.

Ce n'étoit pas encore là la plus grande influence des acteurs italiens sur les pièces qu'ils avoient à jouer : quand l'auteur ne donnoit qu'un canevas, les acteurs qui le remplissoient devenoient auteurs eux-mêmes; ils contribuoient essentiellement au succès, bon ou mauvais, de la pièce.

On peut juger de là qu'il n'est pas inutile, en donnant au public des pièces du Théâtre Italien, de donner en même temps la notice des acteurs qui en ont été chargés; non-seulement ils les faisoient valoir par leurs talents, mais encore ils servoient de guides à ceux qui les composoient.

PRÉFACE.

Regnard est, à la vérité, celui qui leur doit le moins; il a peu de canevas, et d'ailleurs les scènes épisodiques qu'il y cousoit, de même que les pièces qu'il composoit en entier, se soutenoient par elles-mêmes; mais il lui a fallu se conformer à l'usage, et donner à ses personnages les noms et les caractères qu'avoient pris les acteurs de son temps.

NOTICES

SUR LES ACTEURS DE L'ANCIENNE TROUPE ITALIENNE QUI ONT JOUÉ DANS LES PIÈCES DE REGNARD.

Aurélio. Bartholoméo Raniéri a joué les amoureux après la retraite de Zanotti, dit le vieil Octave : il a débuté en 1685, et a joué jusqu'en 1689. Cet acteur a rempli le rôle d'Aurélio dans la comédie du *Divorce*. On faisoit peu de cas de son talent dramatique. On sait qu'il a été obligé de se retirer par ordre de la Cour.

Cinthio. L'acteur qui a pris ce nom au théâtre, est connu comme auteur et comme acteur : il a débuté en 1667. Son emploi étoit celui des seconds amoureux ; il se nommoit Marc-Antoine Romagnési. (1)

En 1694, à la mort de Lolli, connu au théâtre sous le nom du docteur Balouard, Romagnési prit son habit et son emploi, et joua ce rôle jusqu'à la suppression.

---

(1) Cet acteur étoit aïeul d'Antoine Romagnési, comédien de la nouvelle troupe italienne, connu par les agréables parodies qu'il a faites en société avec Dominique.

NOTICES.

Romagnési étoit essentiel à la troupe, de plusieurs manières; indépendamment de son jeu sage et vrai, il a donné plusieurs canevas italiens, mêlés de scènes françoises, dont il nous reste quelques fragments, d'après lesquels il seroit trop rigoureux de les juger; on se contentera d'observer qu'on les voyoit alors avec plaisir.

OCTAVE. C'est le nom qu'a pris Jean-Baptiste Constantini, qui a succédé à Raniéri dans l'emploi des amoureux. Cet acteur a paru, pour la première fois, dans la pièce intitulée *les Folies d'Octave*, composée pour ses débuts, en 1688, et il a joué jusqu'à la suppression.

Depuis ce temps, au lieu de retourner en Italie, comme la plupart de ses camarades, il est resté à Paris, et a entrepris des spectacles forains.

Octave étoit bel homme, mais acteur médiocre. La pièce dans laquelle il plaisoit le plus, étoit *les Folies d'Octave*; mais il en étoit moins redevable à son jeu qu'à ses talents pour la musique et la danse. On remarque qu'il y jouoit de huit instruments différents. (1)

---

(1) Le 2 novembre 1688, les Comédiens italiens ont joué, pour la première fois, une comédie italienne, intitulée *les Folies d'Octavio*. Celui qui représente Octavio, est un jeune homme qui fait le personnage d'amant; il

Le Docteur. Deux acteurs ont rempli ce rôle.

Le premier, Constantin Lolli, a joué depuis 1653 jusqu'à sa mort, arrivée en 1694. Cet acteur, connu au théâtre sous le nom du docteur Gratien Balouard, a joui de la plus grande réputation : il a donné à ce personnage un caractère de caricature italienne, dont ses successeurs n'ont été que de foibles imitateurs.

Le second, Marc-Antoine Romagnési, avoit joué jusqu'alors les amoureux, sous le nom de Cinthio, comme nous l'avons vu à son article. Il a remplacé Lolli jusqu'à la suppression de la troupe. Son jeu étoit plus sage, et moins chargé que celui de son prédécesseur, et par là moins agréable au public. Romagnési est mort à Paris en 1706.

Arlequin. L'ancienne troupe a eu deux acteurs de ce nom.

Le premier, qui étoit le fameux Dominique,

---

est fils de Gradelin et frère de Mezzetin. Il fut applaudi de toute l'assemblée : il joua de sept sortes d'instruments, savoir, la flûte, le théorbe, la harpe, le psaltérion, la cymbale, la guitare et le hautbois, et le lendemain il y ajouta l'orgue. Il ne chante pas mal, et danse fort bien ; il est bien fait de sa personne.

(*Note manuscrite de M. de Tralage.*)

n'a figuré que dans une des comédies de Regnard, le *Divorce*; encore une note de Gherardi nous apprend-elle que cette pièce ne réussit point entre ses mains.

La grande réputation de cet acteur ne nous permet pas de le passer sous silence. Il se nommoit Joseph-Dominique Biancolelli (1) : il a remplacé Locatelli, qui, sous le nom de Trivelin, jouoit les mêmes rôles que Dominique a joués depuis sous le nom d'Arlequin. Il a conservé l'habit et le masque de son prédécesseur, et a seulement ajouté la batte ou sabre de bois, que ne portoit point Trivelin.

Personne n'ignore à quel point de perfection Dominique a porté le rôle dont il a été chargé, et la grande sensation qu'il a faite. Sa mémoire sera toujours chère aux amateurs de la comédie italienne.

On ne peut trop s'étonner, d'après cela, que la comédie du *Divorce* ait échoué entre les mains de cet acteur, pour avoir ensuite un succès complet,

---

(1) Pierre-François Biancolelli, surnommé aussi Dominique, l'un de ses fils, a joué dans la nouvelle troupe les rôles de Trivelin ; il est connu plus avantageusement par les parodies qu'il a composées pour ce théâtre en société avec Romagnési.

lorsque le rôle d'Arlequin a été rempli par Gherardi, qui lui étoit très-inférieur. Pour n'être pas obligés de douter de la sincérité de Gherardi, qui nous transmet cette anecdote, nous observons qu'il est possible que le jeu de Dominique se soit trouvé gêné dans une comédie écrite en entier, et qu'il ait eu besoin, pour le faire paroître dans sa perfection, de la liberté que lui donnoient les canevas italiens.

Dominique a débuté en 1660; il a joué jusqu'à sa mort, arrivée en 1688.

Sa perte consterna ses camarades : ils restèrent un mois sans jouer; au bout de ce temps, voici l'affiche qu'ils firent poser :

« Nous avons long-temps marqué notre déplai-
« sir par notre silence, et nous le prolongerions
« encore, si l'appréhension de vous déplaire ne
« l'emportoit sur une douleur si légitime. Nous
« rouvrirons notre théâtre mercredi prochain,
« premier septembre 1668. Dans l'impossibilité
« de réparer la perte que nous avons faite, nous
« vous offrirons tout ce que notre application et
« nos soins ont pu fournir de meilleur. Apportez
« un peu d'indulgence, et soyez persuadés que
« nous n'omettrons rien de tout ce qui peut con-
« tribuer à votre plaisir. »

Le second Arlequin de l'ancienne troupe a été

Évariste Gherardi. Malgré les éloges que cet acteur se donne, on a peine à croire qu'il fût comparable à Dominique. Les auteurs contemporains ne font ni l'éloge ni la critique de son talent théâtral ; c'étoit beaucoup qu'on le supportât après l'acteur inimitable qu'il remplaçoit. Cela suffit pour nous persuader qu'il avoit du talent.

Gherardi a plus de droit à notre estime, par le recueil qu'il a donné des pièces françoises de son théâtre. C'est à ce recueil, fait avec soin et intelligence, que nous sommes redevables de la conservation de plusieurs pièces très-agréables.

Nous avons déjà parlé de l'accueil que le public a fait à cette entreprise. Gherardi n'avoit d'abord hasardé que quelques scènes des plus saillantes, et qui avoient excité au théâtre le plus d'applaudissements. Son premier recueil a paru en 1696.

Après la suppression de la troupe, Gherardi, encouragé par le succès de sa première tentative, a donné, en leur entier, les pièces dont il n'avoit d'abord présenté que des fragments, et l'on a reçu avec avidité ce qui rappeloit le souvenir d'un spectacle que l'on regrettoit.

Gherardi avoit épousé Élisabeth Daneret, actrice de sa troupe, sous le nom de la Chanteuse. Il est mort subitement en août 1700.

Mezzetin. Ce rôle a été imaginé à Paris, par Angelo Constantini.

Cet acteur avoit d'abord débuté sous le nom et l'habit d'Arlequin. Il plaisoit peu : cela le détermina à quitter le masque, et à jouer les seconds intrigants, sous l'habit de Mezzetin, qui est de son invention. De cette manière, il se rendit supportable, et continua de doubler Dominique. Après la mort de cet acteur, Mezzetin reprit le masque et l'habit d'Arlequin, et voulut prendre les emplois de Dominique, en conservant toutefois le nom de Mezzetin; mais il ne fut point goûté : on lui conseilla de quitter une seconde fois le masque. Dans ce temps, Gherardi débuta et fut reçu pour jouer le rôle d'Arlequin et remplacer Dominique; Mezzetin continua de le seconder.

Il seroit difficile de bien juger des talents de cet acteur, trop exalté par les uns, et trop déprimé par les autres. On sait qu'il étoit d'une figure très-agréable, et qu'il plaisoit beaucoup plus à visage découvert que sous le masque.

Pour donner une idée de la diversité des opinions sur son compte, nous rapporterons des vers faits par La Fontaine, pour être mis au bas de son portrait, et la critique qu'en a faite le poète Gacon.

Voici les vers de La Fontaine :

Ici de Mezzetin, rare et nouveau Protée,
   La figure est représentée :
   La nature l'ayant pourvu
   Des dons de la métamorphose,
   Qui ne le voit pas, n'a rien vu;
   Qui le voit, a vu toute chose.

ÉPIGRAMME DE GACON.

   Pour le portrait de Mezzetin,
   La Fontaine a fait un sixain,
Où l'on voit cet acteur traité d'incomparable.
Si La Fontaine a cru la chose véritable,
   Je n'oserois le garantir;
Mais je sais bien qu'étant fort porté pour la fable,
   Il n'enrage pas pour mentir.

Nous n'entrerons pas dans le détail des aventures de Mezzetin, après la suppression de la troupe italienne : elles sont bizarres et romanesques, mais trop étrangères à son talent théâtral, qui est seul de notre objet. Nous nous contenterons de dire qu'il est revenu à Paris en 1727; qu'il a paru sous son habit de Mezzetin, dans la pièce de Regnard, intitulée *la Foire Saint-Germain*; mais que n'ayant pas eu le succès qu'il espéroit, il est retourné à Vérone, sa patrie, et y est mort dans la même année.

Cette dernière anecdote ne diroit rien contre

le talent de cet acteur. Mezzetin avoit alors plus de soixante-dix ans, et en avoit passé près de vingt dans les prisons du château de Konigstein, en Pologne.

SCARAMOUCHE. Tiberio Fiurilli, né à Naples en 1608, a rendu fameux ce rôle, dont on le croit l'inventeur.

Scaramouche étoit un des plus anciens acteurs de la troupe italienne. Il fit d'abord de fréquents voyages en Italie. Ce fut en 1670 qu'il se fixa à Paris, et il joua jusqu'en 1691. Il se retira alors: il étoit âgé de quatre-vingt-trois ans; et, malgré son grand âge, sa retraite fut une perte pour le théâtre. Il est mort à Paris en 1696.

Peu d'acteurs se sont acquis autant de réputation que Scaramouche. Il passoit pour le plus grand pantomime de son temps. Nous ne croyons pas que cette réputation ait été usurpée, et nous ne pensons pas comme un de nos auteurs modernes, qui le relègue dans la classe des voltigeurs et des saltimbanques, en disant que son plus grand mérite consistoit à donner un soufflet avec le pied. Il est vrai que Scaramouche étoit d'une agilité étonnante, et qu'à l'âge de quatre-vingts ans, il avoit toute la souplesse d'un jeune homme. Mais ce fait, que rapportent les auteurs contemporains, ne tend qu'à nous transmettre une chose extraordinaire, et nullement à nous donner une idée de ses talents.

Nous allons rapporter ce que dit un de ses camarades, qui, ayant lui-même de grandes prétentions à la réputation d'acteur distingué, n'a pas pu donner à Scaramouche plus d'éloges qu'il n'en méritoit.

A l'acte second, scène VII, de la comédie de *Colombine avocat pour et contre*, Gherardi ajoute la note suivante : « Scaramouche, après avoir rac-
« commodé tout ce qu'il y a dans la chambre,
« prend sa guitare, s'assied sur un fauteuil, et
« joue en attendant que son maître arrive. Pasqua-
« riel vient doucement derrière lui, et par-dessus
« ses épaules, bat la mesure; ce qui épouvante
« terriblement Scaramouche; en un mot, c'est ici
« où cet incomparable Scaramouche, qui a été
« l'ornement du théâtre et le modèle des plus il-
« lustres comédiens de son temps, qui avoient
« appris de lui cet art si difficile et si nécessaire
« aux personnes de leur caractère, de remuer les
« passions, et de les savoir bien peindre sur le vi-
« sage; c'est, dis-je, où il faisoit pâmer de rire
« pendant un gros quart d'heure, dans une scène
« d'épouvante, où il ne proféroit pas un seul mot.
« Il faut convenir aussi que cet excellent acteur

« possédoit à un si haut degré de perfection ce
« merveilleux talent, qu'il touchoit plus de cœurs
« par les seules simplicités d'une pure nature, que
« n'en touchent d'ordinaire les orateurs les plus
« habiles par les charmes de la rhétorique la plus
« persuasive. Ce qui fit dire un jour à un grand
« prince qui le voyoit jouer à Rome : *Scaramou-*
« *che ne parle point, et il dit les plus belles choses*
« *du monde....* Il a toujours été les délices de tous
« les princes qui l'ont connu, et notre invincible
« monarque ne s'est jamais lassé de lui faire quel-
« ques grâces; j'ose même persuader que s'il
« n'étoit pas mort, la troupe seroit encore sur
« pied, etc. » (*Théâtre Italien* de Gherardi, édition de 1700, t. 1, p. 294.)

PIERROT. Ce rôle est encore d'invention moderne. L'acteur à qui nous le devons se nommoit Joseph Giaraton (que l'on prononçoit Gératon) : il étoit né à Ferrare, et il avoit d'abord joué sur le Théâtre Italien, en qualité de gagiste.

Ce fut en 1673 qu'il parut pour la première fois, sous le nom et l'habit de Pierrot, dans la pièce de la *Suite du Festin de Pierre* : il y fit plaisir; cependant il ne fut reçu au nombre des acteurs qu'en 1684, et conserva l'habit et le rôle qu'il avoit inventés jusqu'à la suppression, en 1697.

On croit que le changement que fit Dominique dans le caractère de l'Arlequin, donna lieu à l'introduction de ce nouveau personnage. Jusqu'alors l'Arlequin avoit été un valet sot et balourd; Dominique en fit un intrigant fin et rusé; Gératon nous a rendu ce caractère de l'ancien Arlequin, et l'a remplacé au théâtre sous le nouvel habit de Pierrot.

Quoi qu'il en soit, Gératon remplit ce rôle d'original, et d'une manière inimitable : il parloit toujours françois, et son succès fut complet, lorsque les pièces françoises furent introduites sur son théâtre; jusque-là il n'avoit plu que médiocrement.

Depuis la suppression, ce caractère s'est reproduit sur les théâtres des foires. Quelques acteurs ont imité la naïveté de l'ancien Pierrot, avec assez de succès pour fixer l'attention du public plus particulièrement que leurs camarades. Ce rôle est devenu le plus important de nos anciens opéra-comiques, et on lui doit les premiers progrès de ce genre de spectacle.

Quant à Gératon, il a abandonné le théâtre après la suppression de sa troupe : il a épousé une femme riche et sur le retour, avec laquelle il s'est retiré dans une terre, à quelques lieues de Paris; il y est mort, mais on ignore en quelle année.

PASQUARIEL. Nous dirons peu de chose sur l'acteur qui a joué ce rôle : il se nommoit Joseph Tortoriti, et il étoit de Messine. Sa souplesse et son agilité faisoient la plus grande partie de son mérite ; aussi ne fit-il quelque plaisir que dans ses débuts : ses tours de force étonnèrent ; mais ils ne firent pas prendre le change sur les talents qui lui manquoient.

Tortoriti a débuté en 1685 : il ne remplissoit, dans les pièces françoises, que de petits rôles. En 1694, il prit l'habit de Scaramouche : il ne fut supporté dans ce dernier rôle qu'à cause de la faveur qu'avoient prise les pièces françoises, dans lesquelles le rôle de Scaramouche étoit peu important.

Après la suppression, Pasquariel courut les provinces avec une troupe de comédiens ; mais il ne réussit point, et mourut dans la misère.

LÉANDRE. C'est le nom de théâtre de Charles-Vigile Romagnési de Belmont, l'un des fils de Cinthio. Cet acteur débuta en 1694 ; il jouoit les amoureux, et doubloit Octave.

On ne peut rien dire des talents de cet acteur ; ses débuts n'ont précédé que d'environ deux ans la suppression de la troupe. On sait seulement qu'il étoit d'une très-jolie figure.

Isabelle. Françoise-Marie-Apolline Biancolelli, fille du fameux Dominique, a débuté sous ce nom en 1683 : elle remplissoit seule les rôles d'amoureuse, et s'en est acquittée jusqu'à sa retraite.

En 1691, M. de Turgis, officier aux gardes, devint amoureux d'Isabelle, et l'épousa le 2 avril; cependant cette actrice ne quitta le théâtre qu'en 1695.

Isabelle étoit d'une figure très-agréable : elle étoit très-bien faite et d'une physionomie douce et prévenante. Quoiqu'elle ait été chargée seule d'un emploi important, il ne paroît pas néanmoins que l'on ait beaucoup prisé son talent théâtral.

Après la retraite d'Isabelle, on croit que ses rôles furent remplis par Angélique Toscano, dont nous parlerons plus bas.

Colombine. L'inimitable actrice qui a joué ce rôle, étoit sœur cadette d'Isabelle, et a débuté avec elle en 1683, elle se nommoit Catherine Biancolelli.

Le rôle de soubrette a été porté par cette actrice au plus haut point de perfection : elle a joué jusqu'à la suppression de la troupe.

Depuis, Colombine n'a plus voulu monter sur

aucun théâtre : elle avoit épousé Le Noir, dit la Thorillière, excellent acteur du Théâtre François.

MARINETTE. Angélique Toscano, femme de Pasquariel, a doublé sous ce nom Colombine, jusqu'en 1695 : à cette époque, elle prit le nom d'Angélique, joua les rôles d'amoureuse, et remplaça Isabelle.

Marinette étoit une actrice médiocre dans l'un et l'autre emploi. Après la suppression, elle a suivi le sort de Pasquariel, son mari ; et l'on croit que sa fin n'a pas été plus heureuse.

LA CHANTEUSE. Élisabeth Daneret a débuté le même jour que Léandre, dans la pièce intitulée *le Départ des Comédiens*, à titre de chanteuse dans les divertissements. Après la suppression de la troupe, elle entra à l'Opéra. On ignore l'année de sa mort.

LE DIVORCE,

COMÉDIE EN TROIS ACTES,

PRÉCÉDÉE D'UN PROLOGUE.

AVERTISSEMENT

DE L'ÉDITEUR,

SUR LE DIVORCE.

Cette comédie a été représentée, pour la première fois, sur le théâtre de l'hôtel de Bourgogne, le 17 mars 1688.

Une note de Gherardi, imprimée à la suite de cette pièce, volume II de son recueil, édition de 1717, nous apprend qu'elle n'eut aucun succès dans l'origine, mais qu'elle fut reprise le premier octobre 1689, et qu'alors elle plut universellement. C'est à son talent que Gherardi attribue uniquement cette réussite.

Voici cette note telle qu'il la rapporte : « Cette
« comédie n'avoit point réussi entre les mains de
« feu M. Dominique; on l'avoit rayée du cata-
« logue des pièces qu'on reprenoit de temps en
« temps, et les rôles en avoient été brûlés. Ce-
« pendant, moi (qui de ma vie n'avois monté
« sur le théâtre, et qui sortois du collége de la
« Marche, où je venois d'achever mon cours de
« philosophie sous le docte M. Ballé), je l'ai choi-

« sie pour mon coup d'essai, qui arriva le pre-
« mier octobre 1689, lorsque je parus pour la
« première fois, d'ordre du roi et de monseigneur;
« et elle eut tant de bonheur entre mes mains,
« qu'elle plut généralement à tout le monde, fut
« extraordinairement suivie, et par conséquent
« valut beaucoup d'argent aux comédiens.

« Si j'étois homme à tirer vanité des talents que
« la nature m'a donnés pour le théâtre, soit à
« visage découvert (1) ou à visage masqué, dans
« les principaux rôles sérieux et comiques, où
« l'on m'a vu briller avec applaudissement aux
« yeux de la plus polie et la plus connoisseuse na-
« tion de la terre, j'aurois ici un fort beau champ
« à satisfaire mon amour-propre; je dirois que
« j'ai plus fait en commençant et dans mes plus
« tendres années, que les plus illustres acteurs
« n'ont su faire après vingt années d'exercice et
« dans la force de leur âge. Mais je proteste que
« bien loin de m'être jamais enorgueilli de ces
« rares avantages, je les ai toujours regardés

---

(1) Gherardi étoit d'une figure très-agréable; il a été le premier Arlequin qui ait hasardé de quitter son masque dans certains rôles, et de jouer à visage découvert. Il jouoit ainsi le rôle d'Arlequin précepteur d'amour dans la *Fille savante*.

« comme des effets de mon bonheur, et non pas
« comme des conséquences de mon mérite; et si
« quelque chose a su flatter mon âme dans ces
« rencontres, ce n'a été que le plaisir de me voir
« universellement applaudi après l'inimitable
« M. Dominique, qui a porté si loin l'excellence
« du naïf du caractère d'*Arlequin*, que les Italiens
« appellent *Goffagine*, que quiconque l'a vu jouer,
« trouvera toujours quelque chose à redire aux
« plus habiles et aux plus fameux Arlequins de
« son temps. »

Il nous semble que les éloges que se donne Gherardi, avec aussi peu de ménagement, doivent rendre suspecte l'anecdote qu'il nous présente, et que les talents de l'auteur ont autant contribué au succès de cette comédie que ceux de l'acteur.

La comédie du Divorce est le coup d'essai de Regnard dans la carrière dramatique; il n'avoit guère plus de trente ans lorsqu'il l'a donnée au théâtre, et nous croyons qu'elle n'est pas indigne de la réputation de son auteur, et que l'on y découvre le germe des talents qui depuis ont honoré la scène françoise.

Cette pièce n'est, ainsi que toutes celles que l'on jouoit alors sur le Théâtre Italien, qu'une vraie farce, dont tout le mérite consiste dans la vivacité, la gaîté du dialogue et dans le ton de vrai comique répandu dans les scènes qui la composent.

Il n'étoit pas possible que le plus gai de nos poètes ne réussît dans un genre auquel il étoit si parfaitement propre; aussi n'est-il rien de plus plaisant que les différents personnages qu'il introduit sur la scène.

L'élégante frivolité de nos maîtres à danser est très-agréablement rendue dans la scène de *Trotenville*; sa dispute ridicule avec le maître à chanter est du meilleur comique.

Le *Chevalier de Fondsec* est aussi très-plaisant; et quoique l'auteur ait quelquefois sacrifié au goût de son siècle pour la charge un peu outrée, nous trouvons dans cette scène des morceaux d'un comique excellent et vraiment neuf : telle est, par exemple, la lecture des tablettes, où le Chevalier d'industrie tient registre, heure par heure, de l'emploi de son temps et de ses visites de femmes.

Quant aux principaux caractères, la coquette est peinte avec beaucoup de vérité. Son mari ne joue pas un personnage bien important; mais il y a une sorte d'art d'avoir négligé ce caractère, trop méprisable pour être intéressant; et que l'auteur n'auroit pu rendre plaisant qu'en outrageant trop ouvertement la décence.

AVERTISSEMENT.

Cette pièce n'a point été reprise depuis le rétablissement de la troupe italienne en 1716; nous croyons même qu'on la supporteroit difficilement au théâtre : les agréments des scènes épisodiques ne feroient pas pardonner le vice du sujet.

PERSONNAGES DU PROLOGUE.

JUPITER, Pierrot.
MERCURE, Mezzetin.
ARLEQUIN.

PROLOGUE DU DIVORCE.

SCÈNE PREMIÈRE.

ARLEQUIN, seul, sortant en colère.

Hé! que diable, Messieurs, ne sauriez-vous mieux prendre votre temps pour être malades? Cela est de la dernière impertinence, de se trouver mal quand il faut gagner de l'argent. Que voulez-vous que je fasse de tout ce monde-là? (Aux auditeurs.) Messieurs, ce que je vais vous dire vous déplaira peut-être; mais, en vérité, j'en suis plus fâché que vous, et personne n'y perd tant que moi. Nous ne pouvons pas jouer la comédie aujourd'hui; voilà notre portier qui vient de se trouver mal. Pantalon, qui devoit faire un rôle de Patrocle, est indisposé. On va vous rendre votre argent à la porte. Vous voyez, Messieurs, que nous ne suivons pas les mauvais exemples, et que nous rendons l'argent, quoique la comédie soit commencée.

SCÈNE II.

MERCURE, ARLEQUIN.

MERCURE chante.

Terminez vos regrets, que votre douleur cesse ;
A votre sort Jupiter s'intéresse,
Et vient pour empêcher que tu rendes l'argent.

SCÈNE III.

JUPITER, MERCURE, ARLEQUIN.

MERCURE continue de chanter.

Je le vois qui descend.
(Jupiter descend, monté sur un dindon.)
Qu'un changement favorable
Nous arrête dans ces lieux,
Pour voir un spectacle aimable ;
C'est l'ordre irrévocable
Du souverain des dieux.

JUPITER.

Arlequin?

SCÈNE III.

ARLEQUIN.

Jupiter?

JUPITER.

Je descends exprès des cieux pour voir une répétition de la pièce nouvelle, qu'il y a si long-temps que tu promets. On dit que l'on y sépare un mari d'avec sa femme; et comme Junon est une carogne qui me fait enrager, je pourrai bien en faire venir la mode là-haut.

ARLEQUIN.

Mais, monsieur Jupiter, quelle apparence? Nous ne la savons pas encore : il va venir un débordement de sifflets de tous les diables.

JUPITER.

Ne te mets pas en peine; j'ai fait provision de quantité de foudres de poche; et le premier siffleur qui branlera, par la mort!.... je lui brûlerai la moustache.

ARLEQUIN.

Oh! tout doucement, monsieur Jupiter, ne choquons point le parterre, s'il vous plaît; nous en avons besoin : cela ne se gouverne pas comme votre tête. (Au parterre.) Messieurs, puisque Jupiter l'ordonne, et que d'ailleurs.... l'occasion.... de la faveur.... votre bonté.... votre argent.... qu'on a de la peine à rendre....; vous voyez bien, Messieurs, que nous allons vous donner le Divorce.

JUPITER.

Je vais me placer aux troisièmes loges pour mieux voir.

ARLEQUIN.

Ah! monsieur Jupiter, un gentilhomme comme vous aux troisièmes loges?

JUPITER.

Je me suis amusé, en venant, à jouer à la boule aux Petits-Carreaux, contre quatre procureurs qui ne m'ont laissé que trente sous.

ARLEQUIN.

Où diable vous êtes-vous fourré là? Ces messieurs-là savent aussi bien rouler le bois que ruiner une famille. (Jupiter remonte en l'air, et Arlequin le rappelle.) Monsieur Jupiter, si vous vouliez me laisser votre monture, je la ferois mettre à la daube; aussi-bien les dieux de l'Opéra, qui sont bien montés quand ils viennent, s'en retournent toujours à pied.

MERCURE.

O déplorable coup du sort!
O malheur!

SCÈNE III.

ARLEQUIN.

Je frémis; parle.

MERCURE.

Patrocle est mort.

FIN DU PROLOGUE.

PERSONNAGES.

M. SOTINET, vieillard, mari d'Isabelle. *Le Docteur.*
ISABELLE, femme de Sotinet.
AURÉLIO, frère d'Isabelle.
ARLEQUIN, valet d'Aurélio.
COLOMBINE, suivante d'Isabelle.
MEZZETIN,
PIERROT, } valets de M. Sotinet.
PASQUARIEL,
M. DE TROTENVILLE, maître à danser. *Arlequin.*
M. AMILARÉ, maître à chanter. *Mezzetin.*
Le Chevalier DE FONDSEC, gascon. *Arlequin.*
LAQUAIS.

La scène est à Paris.

le Divorce Acte 2. Scene 1ère

MÉZZETIN
oh! pour le coup, c'en est trop couchez-vous, vite

LE DIVORCE,
COMÉDIE.

ACTE PREMIER.

SCÈNE PREMIÈRE
ITALIENNE.

AURÉLIO, MEZZETIN.

AURÉLIO fait part à Mezzetin du chagrin que lui cause l'union mal assortie de sa sœur avec Sotinet, et lui dit qu'il vient à Paris dans le dessein de prendre des mesures pour opérer leur séparation. Mezzetin offre de seconder ses vues, avec d'autant plus de plaisir qu'il en veut à Sotinet, parce qu'il l'a surpris dans sa cave avec la servante du logis ; et lui a donné des coups de bâton. Mezzetin regrette d'avoir perdu son ami Arlequin, dont le génie intrigant lui auroit été d'un grand secours ; mais le pauvre garçon s'est avisé de se faire pendre....

SCÈNE II.

ARLEQUIN, MEZZETIN.

ARLEQUIN, en habit de voyage, avec une méchante sonbreveste, un chapeau de paille, des bottes, et un bâton à la main. Vers la cantonnade :

Oui, Messieurs, étranger, étranger, arrivé tout à l'heure dans cette ville. Le diable emporte toute la race badaudique! je n'ai jamais vu de gens plus curieux, ni plus insolents; ils crient après moi : il a chié au lit, il a chié au lit, comme si j'étois un masque. Mais.... (Il aperçoit Mezzetin.)

MEZZETIN, regardant Arlequin.

Je crois....

ARLEQUIN.

Il me semble....

MEZZETIN.

Que j'ai vu cet homme-là pendu quelque part.

ARLEQUIN.

D'avoir vu cette tête-là sur un autre corps.

MEZZETIN.

Arl....

ARLEQUIN.

Mez....

MEZZETIN.

Arlequin!

ARLEQUIN.

Mezzetin!

(Ensemble.)

Ah! parente! parente!

(Ils s'approchent. Mezzetin, levant les bras pour embrasser Arlequin, laisse tomber son manteau; Arlequin, qui fait semblant d'embrasser Mezzetin, passe sous son bras, ramasse le manteau et s'en va.)

MEZZETIN, l'arrêtant.

Mais ce manteau-là m'appartient.

ARLEQUIN.

Je l'ai trouvé à terre.

MEZZETIN.

En vérité, je suis ravi de te voir. Je parlois tout à l'heure de toi. Tu arrives fort à propos pour rendre service à monsieur Aurélio, dans une affaire de conséquence.

ARLEQUIN.

Qui? monsieur Aurélio, mon ancien maître? celui qui a tant de noblesse, et qui n'a jamais le sou?

MEZZETIN.

Lui-même. Il est aussi gueux à présent comme il l'étoit du temps que tu le servois.

ARLEQUIN.

Tant pis, car je ne suis pas aussi sot que je l'ai été, moi; et je ne m'emploierai jamais pour qui que ce soit, qu'auparavant je ne sois assuré de la récompense.

MEZZETIN.

Va, va, le seigneur Aurélio est honnête homme. Sers-le bien, et ne te mets point en peine; tes gages te seront bien payés; et si l'affaire que j'ai en tête réussit, je te réponds d'une grande récompense. Mais tire-moi d'un doute : il a couru un bruit que tu avois été pendu, et je te croyois déjà bien sec.

ARLEQUIN.

Eh! point du tout; je me porte le mieux du monde : il est vrai que j'ai eu quelque petite indisposition, et que j'ai été sur le point de mourir de la courte haleine, mais je m'en suis bien guéri.

MEZZETIN.

Conte-moi donc ta maladie.

ARLEQUIN.

Oui-dà. Tu sais bien que j'ai toujours aimé les grandes choses : dès le temps même que nous avions l'honneur de servir ensemble le roi sur les galères....

MEZZETIN.

Ne parlons point de cela; je sais que tu as toujours été homme d'esprit.

ARLEQUIN.

Je n'eus pas plus tôt quitté la rame, que je me jetai malheureusement dans les médailles.

ACTE I, SCÈNE II.

MEZZETIN.

Comment dans les médailles! dans les antiques?

ARLEQUIN.

Non, dans les médailles; c'est-à-dire que, quand je n'avois rien à faire, pour me désennuyer, je m'amusois à mettre le portrait du roi sur des pièces de cuivre que je couvrois d'argent, et que je donnois à mes amis pour du pain, du vin, de la viande, et autres choses nécessaires; mais comme il y a toujours des envieux dans le monde, (voyez, je vous prie, comme on empoisonne les plus belles actions de la vie!) on fut dire à la justice que je me mêlois de faire de la fausse monnoie.

MEZZETIN.

Quelle apparence?

ARLEQUIN.

D'abord la justice m'envoya prier de lui aller parler.

MEZZETIN.

Qui envoya-t-elle? des pages?

ARLEQUIN.

Nenni, diable! c'étoient tous gens de distinction et qualifiés. Ils avoient des épées, des plumets bleus, des mousquetons.

MEZZETIN.

Je vous entends; poursuivez.

ARLEQUIN.

Ces messieurs montèrent donc dans ma chambre, et, le plus honnêtement du monde, me prièrent, de la part de la justice, de lui aller parler tout à l'heure; qu'il y avoit un carrosse à la porte qui m'attendoit.

MEZZETIN.

Et vous?

ARLEQUIN.

Et moi, j'eus beau dire que j'avois affaire, que je ne pouvois pas sortir, que j'irois une autre fois, il me fut impossible de résister aux honnêtetés et aux empressements de ces messieurs-là.

MEZZETIN, à part.

Aux honnêtetés des pousse-culs!

ARLEQUIN.

Oh! pour cela, rien n'est plus vrai; je n'ai jamais vu de gens plus honnêtes. L'un m'avoit pris par un bras, aussi m'avoit fait l'autre, en me disant le plus obligeamment du monde : Oh! puisque nous avons été assez heureux que de vous trouver, vous ne nous échapperez pas, et nous aurons le plaisir de vous emmener avec nous; et à force de civilités, ils m'entraînèrent dans leur carrosse, et me conduisirent à la justice. D'abord que je fus arrivé, on me présenta à cinq ou six visages vénérables, qui étoient assis sur des fleurs-de-lis.

MEZZETIN.

Fort bien! et ces messieurs ne vous prièrent-ils point de vous asseoir?

ARLEQUIN.

Assurément. Celui qui étoit au milieu d'eux me dit : N'est-ce point vous, Monsieur, qui vous mêlez de médailles? A quoi je répondis fort modestement : Oui, Monsieur, pour vous rendre mes très-humbles services. Vous êtes un honnête homme, ajouta-t-il; tout à l'heure nous allons parler à vous; asseyez-vous toujours en attendant.

MEZZETIN.

Et où t'asseoir? dans un fauteuil?

ARLEQUIN.

Bon! sur une petite chaise de bois qu'on avoit mise à côté de moi. Ces messieurs donc, après s'être parlé à l'oreille, me demandèrent encore si véritablement c'étoit moi qui avois cet heureux talent. Je leur répliquai que oui, que je leur demandois excuse si je ne faisois pas aussi bien que je l'aurois souhaité; mais que j'avois grande envie de travailler, et qu'avec le temps, j'espérois devenir plus habile.

MEZZETIN.

Fort bien. Et eux parurent fort contents de votre déclaration?

ARLEQUIN.

Vous l'avez dit. Je remarquai que mon discours les avoit réjouis; mais cela n'empêcha pas qu'ils ne me condamnassent sur l'heure à être pendu et étranglé à la Croix du Trahoir.

MEZZETIN.

Quel malheur!

ARLEQUIN.

Quand j'entendis qu'on m'alloit pendre, je commençai à crier : Mais, Messieurs, vous n'y pensez pas. Me pendre, moi! je ne suis qu'un jeune homme qui ne fait que d'entrer dans le monde; et, d'ailleurs, je n'ai pas l'âge compétent pour être pendu.

MEZZETIN.

C'étoit une bonne raison celle-là.

ARLEQUIN.

Aussi y eurent-ils beaucoup d'égard; et, pour faire les choses dans l'ordre, ils me firent expédier une dispense d'âge. Me voilà donc dans la charrette. Je ne disois mot; mais j'enrageois comme tous les diables. Nous arrivons enfin à la Croix du Trahoir, au pied de cette fatale colonne qui devoit être le *nec plus ultrà* de ma vie, et qu'on appelle vulgairement la potence. Comme j'étois fort fatigué du voyage, j'avois soif : je demandai à boire : on me proposa si je voulois de la bière. Je dis que non, et que cela pourroit par la suite me donner la gravelle; je priai seulement les archers de me laisser boire à la fontaine. On se range en haie; je m'approche de la fontaine; je donne un coup d'œil autour de moi, et zeste, je m'élance la tête en avant dans le robinet de la fontaine. Les archers surpris courent à moi, et me tirent par les pieds; et moi je m'enfonce toujours avec les mains, de manière que j'entrai tout entier dans le tuyau de la fontaine, et il ne resta aux archers que mes souliers pour les pendre. Du robinet de la fontaine, je descendis dans la Seine; de là je fus à la nage jusqu'au Havre-de-Grâce; au Havre-de-Grâce, je m'embarquai pour les Indes, d'où me voilà présentement de retour, et voici mon histoire achevée.

MEZZETIN.

Il ne me reste qu'une difficulté, qui est de savoir comment, gros comme tu es, tu as pu te fourrer dans le robinet de la fontaine?

ARLEQUIN.

Va, va, mon ami, quand on est près d'être pendu, on est diablement mince.

MEZZETIN.

Tu as, ma foi, raison. Va m'attendre au petit Trianon; dans un petit moment je suis à toi, et je te menerai chez M. Aurélio. Mais d'où vient que tu n'enfonces point tes pieds jusqu'au fond de tes bottes, et que tu marches sur la tige?

ARLEQUIN.

Je le fais exprès pour épargner les semelles.

(Il s'en va.)

SCÈNE III.

MEZZETIN, seul.

Je tire bon augure de l'affaire de M. Aurélio, et la fortune ne nous a pas renvoyé Arlequin pour rien. Mon maître m'a ordonné tantôt de lui amener un barbier : il ne faut pas manquer cette occasion pour lui voler sa bourse; elle servira à mettre nos affaires en train. Allons trouver Arlequin.

SCÈNE IV.

Le théâtre représente l'appartement de M. Sotinet.

M. SOTINET, PIERROT.

SOTINET.

Entends-tu bien ce que je te dis?

PIERROT.

Oui, Monsieur; vous me dites d'empêcher que Madame n'entre dans la maison, et de lui fermer la porte au nez.

SOTINET.

Animal, c'est tout le contraire : je te dis de ne laisser entrer personne pour voir ma femme, et de fermer la porte au nez de tous ceux qui se présenteront.

PIERROT.

Hé bien! Monsieur, n'est-ce pas ce que je dis? Mais, à propos, vous êtes donc jaloux?

SOTINET.

Ce ne sont pas là tes affaires.

PIERROT.

Ah, ah, ah! cela est plaisant! De quoi diable vous êtes-vous avisé de vous marier à l'âge que vous avez? Ne savez-vous pas bien qu'un vieux mari est comme ces arbres qui ne portent point de bons fruits, et qui ne servent que d'ombre?

SOTINET.

Impertinent, tes épaules te démangent bien.

PIERROT.

Il y a là-dedans un barbier.

SOTINET.

Fais-le entrer.

SCÈNE V.

M. SOTINET, ARLEQUIN, en barbier; MEZZETIN, en maître Jacques.

ARLEQUIN, à Sotinet.

On m'a dit, Monsieur, que vous aviez besoin d'un homme de ma profession; je viens vous offrir mes services.

SOTINET.

Ah! Monsieur, je suis ravi de vous voir; faites-moi, s'il vous plaît, la barbe, le plus promptement que vous pourrez.

ARLEQUIN.

Ne vous mettez pas en peine, Monsieur; dans deux petites heures votre affaire sera faite.

SOTINET.

Comment, dans deux heures! je crois que vous vous moquez.

ARLEQUIN.

Oh! que cela ne vous étonne pas : j'ai bien été trois mois entiers après une barbe; et tandis que je rasois d'un côté, le poil revenoit de l'autre : mais présentement je suis plus habile; vous allez voir.

(Il déploie ses outils, ôte son manteau, et le met au cou de Sotinet, au lieu de linge à barbe.)

ACTE I, SCÈNE V.

SOTINET.

Mais qu'est-ce donc que vous m'avez mis ou cou?

ARLEQUIN.

Ah! ma foi, je vous demande pardon : l'empressement de vous raser m'a fait prendre mon manteau pour votre linge à barbe. Allons, toi, donne-moi le linge, vite.

(Mezzetin lui donne le linge.)

SOTINET, regardant Mezzetin.

Qui est cet homme-là?

ARLEQUIN.

C'est maître Jacques, celui qui accommode mes outils. Venez, maître Jacques; repassez-moi ce rasoir pour faire la barbe à Monsieur.

MEZZETIN prend le rasoir, et contrefaisant le rémouleur, d'une jambe il figure la roue de la meule, et avec la bouche il contrefait le bruit que fait le rasoir quand on le pose sur la meule pour le repasser, et celui que font les gouttes d'eau qui tombent sur la roue pendant qu'on repasse; ce qu'Arlequin explique à mesure à Sotinet. A la fin, après plusieurs lazzis de cette nature, Mezzetin chante un air italien; puis, donnant le rasoir à Arlequin, lui dit :

La bourse est de ce côté-ci; ne la manque pas.

(Il s'en va.)

SOTINET.

Voilà un plaisant homme!

ARLEQUIN.

Allons, allons, Monsieur, je n'ai point de temps à perdre. Mettez-vous là.

(Il le pousse rudement dans un fauteuil, et lui prenant le nez, lui met des morailles.)

SOTINET, criant.

Hai, hai, hai! (Il arrache les morailles, et les jette par terre.) Eh! que diable faites-vous là? Me prenez-vous pour un cheval?

ARLEQUIN.

Point du tout, Monsieur; mais c'est qu'il y a des gens qui sont terriblement rétifs sous le fer, et avec cet instrument-là on leur couperoit la gorge, qu'ils ne diroient mot.

SOTINET.

Vraiment, je le crois bien.

ARLEQUIN prend un bassin fait en forme de pot-de-chambre, et le met sous le nez de Sotinet pour le laver.

SOTINET, prenant le bassin.

Qu'est-ce que cela?

ARLEQUIN.

C'est un bassin à deux mains.

(Arlequin le lave, en lui donnant de temps en temps des soufflets; puis tire une grosse boule, dont il se sert pour savonnette, et après en avoir bien frotté le visage de Sotinet, il la lui laisse tomber sur un pied.)

SOTINET.

Qu'est-ce donc que cela signifie? Avez-vous entrepris de m'estropier?

(Il se lève.)

ARLEQUIN, repoussant violemment Sotinet sur le fauteuil.

Que de babil! Tenez-vous donc, si vous vou-

ACTE I, SCÈNE V.

lez; croyez-vous que je n'aie que vous à raser?
(Il le rase avec un rasoir d'une grandeur à faire peur.) (1)

SOTINET.

Allez tout doucement, vous m'écorchez tout vif.

ARLEQUIN.

C'est que vous avez le cuir si dur, que vous ébréchez tous mes rasoirs.

(Il prend un cuir à repasser, et l'accroche par un bout au cou de Sotinet, tenant l'autre bout de la main gauche; et pour avoir plus de force à repasser son rasoir qu'il tient de la main droite, il lève un de ses pieds et l'appuie rudement sur l'estomac de Sotinet; puis, tirant le bout du cuir de toute sa force, il repasse dessus son rasoir, de manière qu'il étrangle Sotinet, qui à peine peut crier.)

SOTINET.

Miséricorde! je suis mort! au secours! on m'étrangle!

(Il se lève pour appeler du monde.)

ARLEQUIN, le prenant et l'obligeant de nouveau à se rasseoir dans le fauteuil.

La peste m'étouffe! si vous branlez, je vous coupe la gorge. Quel homme êtes-vous donc?

SOTINET, bas.

Il faut filer doux; ce coquin-là le feroit comme il le dit: il a une mauvaise physionomie. (haut, pendant qu'Arlequin le rase.) Dis-moi, mon ami, de quel pays es-tu?

---

(1) On a reproduit sur la scène ce jeu de théâtre dans la pièce intitulée *Arlequin Barbier paralytique*, représentée le 2 janvier 1740.

ARLEQUIN.

Limousin, Monsieur, pour vous rendre service.

SOTINET.

Limousin! et y a-t-il des barbiers de ce pays-là? Je croyois qu'il n'y en avoit que de gascons.

ARLEQUIN.

Je crois aussi être le premier de mon pays qui ait embrassé le parti de la savonnette. J'étois auparavant tailleur de pierres; et comme on disoit que j'avois beaucoup de légèreté dans la main, je crus que je serois plus propre à ce métier-ci, (il lui met la main dans la poche:) et de tailleur de pierres, je me suis fait tailleur de barbes.

SOTINET, lui surprenant la main dans sa poche.

Il me semble que vous avez la main gauche bien plus légère que la droite.

ARLEQUIN.

Ah! Monsieur, vous vous moquez! ce sont de petits talents qu'on reçoit de la nature, et dont un honnête homme ne doit pas se glorifier.

SOTINET.

Avez-vous bien des pratiques?

ARLEQUIN.

Tant, que je n'y saurois suffire. C'est moi qui fais la barbe et les cheveux à tous les Limousins qui viennent ici travailler, et j'ai une pension de

ACTE I, SCÈNE V.

la Ville pour faire tous les quinze jours le crin au cheval de bronze. (Il lui vole sa bourse sans qu'il s'en aperçoive, et cesse de le raser en criant :) hai! hai!

SOTINET.

Qu'avez-vous? vous vous trouvez mal?

ARLEQUIN.

Point, point; voilà qui est passé. (Il le rase, puis se met à crier :) hai! hai!

SOTINET.

Comment donc? Mais vous avez quelque chose?

ARLEQUIN.

Oh! pour le coup, je n'y puis plus tenir. Hai! hai! Une colique épouvantable qui me prend.... Je suis à vous tout à l'heure. Hai! hai! hai!

(Il s'en va, et revient sur ses pas.)

SOTINET.

Je n'ai jamais vu un pareil original.... Mais vous voilà? Avez-vous déjà été à la garde-robe?

ARLEQUIN.

Point du tout, Monsieur; cela n'en valait pas la peine : j'ai changé d'avis, et j'ai mieux aimé insulter la doublure de ma culotte, que de vous faire attendre plus long-temps.

SOTINET, portant sa main devant son nez.

Comment, impudent! je vous trouve bien hardi de vous approcher de moi en l'état où vous êtes.

ARLEQUIN.

Qu'appelez-vous donc, Monsieur, s'il vous plaît! chacun ne fait-il pas de sa culotte ce qu'il lui plaît?

SOTINET.

Sortez, insolent! Si je faisois bien, je vous ferois jeter par les fenêtres.

ARLEQUIN.

Comment, mardi! par les fenêtres! est-ce ainsi qu'on insulte un officier public?

(Il s'approche de Sotinet qui veut le battre, et lui fait un collier de son bassin, qu'il lui casse sur la tête, et s'enfuit.)

SOTINET court après lui en criant :

Arrête, arrête, arrête.

SCÈNE VI.

Le théâtre représente l'appartement d'Isabelle.

ISABELLE, COLOMBINE.

ISABELLE.

AH! Colombine, quel bruit épouvantable! quelle rumeur! Mais il faut qu'on ait perdu l'esprit, de faire un tintamarre semblable dans mon antichambre! Quelle brutalité de m'éveiller à l'heure qu'il est! Non, je ne crois pas qu'il soit encore midi; il n'y a pas trois heures que je suis rentrée. Je crois, Colombine, que je suis faite d'une jolie manière. (Elle se regarde dans un miroir.) Ah, l'horreur! quelle extinction de teint!

COLOMBINE.

Eh! là, là, consolez-vous, Madame; vous avez des yeux à défrayer tout un visage. Et de quoi vous embarrassez-vous de votre teint? il ne tiendra qu'à vous de l'avoir comme il vous plaira. Que ne me laissez-vous faire? Je ne veux qu'une petite couche de rouge, pour réparer de trente méchantes nuits la plus obstinée.

ISABELLE.

Ah! fi, Colombine, avec ton rouge! tu me mets au désespoir. Crois-tu que je puisse me résoudre à donner tous les jours un habit neuf à mes appas? J'ai une conscience si délicate, que je me reprocherois des conquêtes qui ne seroient pas faites de bonne guerre, et je crois que je mourrois de honte d'avoir dix années de plus que mon visage.

COLOMBINE.

Bon, bon, Mademoiselle, vous avez là un plaisant scrupule; la beauté que l'on achète n'est-elle pas à soi? Qu'importe que vos joues portent les couleurs d'un marchand ou les vôtres, pourvu que cela vous fasse honneur? Pour moi, je trouve quelques femmes d'aujourd'hui d'un parfaitement bon goût; de toute l'année elles en ont fait un carnaval perpétuel; elles peuvent aller au bal à coup sûr, sans crainte d'être connues.

ISABELLE.

Mon Dieu! les femmes ne sont-elles pas assez déguisées sans se masquer encore? Et pourquoi veulent-elles peindre leur peu de sincérité jusque sur leur visage? Pour moi, je ne suis point de ce nombre-là; j'aime mieux qu'on me trouve un peu moins jolie, et être un peu plus vraie.

COLOMBINE.

Ho! par ma foi, voilà une belle délicatesse de sentiments. Il n'y a plus que le rouge qui se met à la toilette, qui marque la pudeur des femmes d'aujourd'hui; elles ne rougiroient jamais sans cela. Et que seroit-ce donc, Madame, s'il vous falloit peler avec de certaines eaux, comme la dernière maîtresse que je servois, qui changeoit tous les six mois de peau?

ISABELLE.

Bon! tu te moques, Colombine; est-ce que tu as vu cela?

COLOMBINE.

Si je l'ai vu? C'étoit moi qui faisois l'opération : elle me faisoit prendre la peau de son front, que je tirois de toute ma force; elle crioit comme un beau diable, et moi je riois comme une folle; il me sembloit habiller un levreau : mais ce qui est de meilleur, c'est qu'elle portoit toujours sur elle, dans une boîte, la peau de son dernier visage calcinée, et disoit qu'il n'y avoit rien de si bon pour les élevures et les bourgeons.

ISABELLE.

Tu veux t'égayer, Colombine.

UN LAQUAIS.

Mademoiselle, voilà un homme qui demande à vous parler.

ISABELLE.

Qu'on le fasse entrer.

SCÈNE VII.

ISABELLE, COLOMBINE, M. DE TROTENVILLE, maître à danser, sur un petit cheval.

TROTENVILLE.

Je crois, Mademoiselle, que vous n'avez pas l'honneur de me connoître; mais quand vous saurez que je m'appelle monsieur de la Gavotte, sieur de Trotenville, vous devinerez aisément que je suis maître à danser.

ISABELLE.

Votre nom, Monsieur, est assez connu dans Paris, et j'espère devenir une bonne écolière, ayant pour maître le plus habile homme du métier.

TROTENVILLE.

Ah! Madame, vous mettez ma modestie hors de cadence; et quand on n'a, comme moi, qu'un mérite léger et cabriolant, pour peu qu'on l'élève par des louanges un peu fortes, il court risque, en tombant, de se casser le cou.

COLOMBINE.

Miséricorde! que M. de Trotenville a d'esprit!

ISABELLE.

Il est vrai que voilà une pensée qui est tout-à-fait bien mise en œuvre; c'est un brillant.

TROTENVILLE.

Pour de l'esprit, Mademoiselle, les gens de notre profession en regorgent. Eh! qui en auroit, si nous n'en avions pas? Nous sommes tous les jours parmi tout ce qu'il y a de gens de qualité. Je sors présentement de chez la femme d'un élu, où je me suis fait admirer par mon esprit; j'ai deviné une énigme du Mercure galant. Vous savez, Madame, que c'est là présentement la pierre de touche du bel esprit.

COLOMBINE.

Ah! par ma foi, les beaux esprits sont donc bien communs? car la moitié du Mercure n'est remplie que des noms de ceux qui les devinent. Pour vous, Monsieur, vous n'avez pas besoin que l'on imprime le vôtre, pour faire connoître votre mérite au public; on sait assez que vous êtes l'honneur de l'escarpin. Mais je vous prie de me dire pourquoi vous avez un si petit cheval?

TROTENVILLE.

J'avois autrefois un carrosse à un cheval; mais mes amis m'ont conseillé de changer de voiture, afin de ne pas causer une erreur dans le public, qui prend souvent, dans cet équipage-là, un maître à danser pour un lévrier d'Hippocrate.

COLOMBINE.

Vous devriez bien avoir un carrosse à deux chevaux : depuis que l'on ne joue plus, il y a tant de chevaliers qui en ont à vendre!

TROTENVILLE.

Je ne donnerois pas ce petit cheval-là pour les deux meilleurs chevaux de Paris; c'est un diable pour aller. Toutes les fois que je veux aller à la Bastille, il m'emmène à Vincennes. Nous appelons ces petits animaux-là parmi nous, *un tendre engagement.*

COLOMBINE.

Comment donc! qu'est-ce que cela veut dire, un tendre engagement?

TROTENVILLE.

Vraiment oui. Est-ce que vous ne savez pas « qu'un tendre engagement va plus loin qu'on ne pense? » (Il chante ces derniers mots.)

COLOMBINE.

Ah! ah! on voit bien que Monsieur sait son Opéra, et qu'il en est.

TROTENVILLE.

Moi, de l'Opéra, moi? Fi, fi!

COLOMBINE.

Comment donc, fi, fi?

TROTENVILLE.

Hé fi! vous dis-je : j'en ai été autrefois; mais il m'a fallu plus de vingt lavements et autant de médecines pour me purifier du mauvais air que j'y avois respiré.

ISABELLE.

Vous me surprenez, Monsieur; j'avois toujours cru que l'Opéra étoit le lieu du monde où l'on prenoit le meilleur air.

COLOMBINE.

Bon, bon! monsieur de Trotenville a beau dire, il voudroit y être rentré, comme tous ceux qui en sont sortis; c'est un Pérou : il n'y a pas jusques aux violons qui n'aient des justaucorps bleus galonnés.

TROTENVILLE.

Je veux que le premier entrechat que je ferai me coupe le cou, si jamais j'y mets le pied! Vous moquez-vous de moi? Quand on me donneroit un tiers dans l'Opéra, je n'y rentrerois pas. Pour quelques.... quelques femmes, que l'on achète bien, de par tous les diables! j'irois prostituer ma gloire, et figurer avec le premier venu! Nous sommes glorieux comme tous les diables dans notre profession. Voulez-vous que je vous parle franchement? l'Opéra n'est plus bon que pour les filles. Il n'y a pas aussi une meilleure condition au monde. Je ne conçois pas l'entêtement des jeunes gens. C'est une fureur, Mademoiselle, c'est une fureur, et toutes les coquettes s'en plaignent hautement, et disent que l'Opéra leur enlève les meilleures pratiques, et qu'elles sont ruinées de fond en comble.

COLOMBINE.

Je le crois bien : ces personnes-là ont grande raison; et si j'étois d'elles, je leur ferois rendre jusqu'à la moindre petite faveur qu'elles auroient reçue.

TROTENVILLE.

Eh! là, là, donnez-vous patience; on leur fera peut-être tout rendre : mais cependant elles usent en toute rigueur de leurs priviléges, et un amant qui n'exprime son amour qu'avec des fontanges et des bas de soie, se morfond dix ans derrière leur porte.

ISABELLE, regardant l'habit de Trotenville.

Mon Dieu, que voilà un joli habit! Je vous trouve un fond de bon air que vous répandez sur tout.

TROTENVILLE.

Fi, Madame! vous vous moquez; c'est une guenille. Que peut-on avoir pour cinquante ou soixante pistoles? Je voudrois que vous vissiez ma garderobe; elle est des plus magnifiques, et si, sans vanité, elle ne me coûte guère.

COLOMBINE.

Ho bien, Monsieur, nous la verrons une autre fois; mais présentement je vous prie de danser un menuet avec moi.

TROTENVILLE.

Oui-dà, très-volontiers : allons.

COLOMBINE.

Qui est cet homme-là qui est avec vous?

TROTENVILLE.

C'est ma poche. Tel que vous le voyez, il n'y a point d'homme au monde qui gourmande une chanterelle comme lui; il feroit danser, s'il l'avoit entrepris, tous les invalides et leur hôtel. Vous allez voir. (L'homme prend la poche dans la queue du cheval, et en joue; Colombine et Trotenville dansent.) Hé bien, Madame, que dites-vous de ma danse?

ISABELLE.

J'en suis charmée.

TROTENVILLE.

Ne voulez-vous point que j'aie l'honneur de danser avec vous?

ISABELLE.

Pour aujourd'hui, Monsieur, il n'y a pas moyen; je suis d'une fatigue, cela ne se conçoit pas. Mais avant que de me quitter, je vous prie de me dire combien vous prenez par mois.

TROTENVILLE.

Par mois, Madame! c'est bon pour les maîtres à danser fantassins. On me donne une marque chaque visite; et je veux vous montrer quel a été le travail de cette semaine. Hé! qu'on m'apporte ma valise. Vous allez voir. Allez donc. (On détache une valise, que l'on apporte pleine de marques faites de cartes.)

COLOMBINE.

Ah, mon Dieu! vous avez été plus de vingt ans à faire toutes ces leçons-là.

TROTENVILLE.

Bon! bon! c'est le travail d'une semaine; et si, ce que je vous montre là, c'est de l'argent comptant. Je n'ai qu'à aller chez le premier banquier, je suis sûr de toucher un demi-louis d'or de chaque billet.

COLOMBINE.

Un demi-louis d'or pour une leçon! On ne donnoit autrefois aux meilleurs maîtres qu'un écu par mois.

TROTENVILLE.

Il est vrai; mais dans ce temps-là les maîtres à

danser n'étoient pas obligés d'être dorés dessus et dessous, comme à présent, et une paire de galoches étoit la voiture qui les menoit par toute la ville. Mais présentement on ne nous regarde pas, si nous n'avons le cheval et le laquais.

COLOMBINE.

Ah! Mademoiselle, voilà votre maître à chanter, M. Amilaré-Bécarre.

ISABELLE, à Trotenville.

Ne vous en allez pas, Monsieur, je vous prie. Je veux que vous entendiez chanter cet homme-là; c'est un Italien.

TROTENVILLE.

Très-volontiers, Madame; cela me fera bien du plaisir : car, tel que vous me voyez, je suis à deux mains, et je chante aussi bien que je danse.

SCÈNE VIII.

ISABELLE, COLOMBINE, M. DE TROTENVILLE, M. AMILARÉ.

TROTENVILLE, après avoir examiné Amilaré.

Voilà un visage bien baroque! Les musiciens italiens sont de plaisants originaux! Ne diroit-on pas que ce seroit là un Siamois échappé d'un écran?

ACTE I, SCÈNE VIII.

Comment vous appelez-vous, Monsieur? (Amilaré répète une douzaine de noms.) Voilà bien des noms : il faut, Monsieur, que vous ayez bien des pères. C'est un calendrier que cet homme-là.

ISABELLE.

Je suis ravie, Messieurs, que vous vous trouviez ensemble. L'on n'est pas malheureux, quand on peut réunir deux illustres. (Au maître à chanter.) Je vous prie, Monsieur, de vouloir bien chanter un air.

AMILARÉ, bégayant.

Je, je, je, je, le, le veux bien.

TROTENVILLE.

Quoi! c'est là un maître à chanter? Miséricorde!
(Amilaré chante.)

ISABELLE, après qu'il a chanté.

Hé bien, Monsieur, que dites-vous de ce chant-là?

TROTENVILLE.

Ah! ah! voilà une voix d'un assez beau métal; cela n'est pas mal.

COLOMBINE.

Comment pas mal! il faut se jeter par les fenêtres, quand on a entendu chanter ainsi.

TROTENVILLE.

Ho! tout doucement, s'il vous plaît; je ne sais point faire de ces cabrioles-là. Voyez-vous, Mademoiselle, je ne suis point de ces gens qui louent à plein tuyau. Un homme comme moi, qui a été toute sa vie nourri de dièses et de bémols, est diablement délicat en musique.

AMILARÉ, bégayant.

Monsieur apparemment n'aime pas l'italien; mais j'ai fait depuis peu un petit duo en françois, que je veux chanter avec lui, et je suis sûr qu'il ne lui déplaira pas.

(Il lui présente un papier de musique.)

TROTENVILLE.

Voyons. Qu'est-ce donc, s'il vous plaît, que tous ces pieds de mouche qui sont au commencement des lignes?

AMILARÉ.

Ce sont des dièses, pour montrer que c'est en A mi la ré bécarre. Je ne compose jamais que sur ce ton, et c'est pour cela que j'en porte le nom.

TROTENVILLE.

Ah! ah! vous composez donc toujours sur ce ton-là?

AMILARÉ.

Oui, Monsieur.

TROTENVILLE, rendant le papier.

Et moi, Monsieur, je n'y chante jamais.

AMILARÉ.

Hé bien! Monsieur, voilà un autre air en D la ré sol.

TROTENVILLE.

La Rissole vous-même. Je vous trouve bien admirable de me donner des sobriquets !

AMILARÉ.

Voilà un homme qui est bien fâcheux ! Je vous dis, Monsieur, que cet air-là est en D la ré sol, et qu'il n'est pas si difficile que l'autre.

TROTENVILLE.

Il n'est pas si difficile que l'autre ! Croyez-vous, mon ami, que la musique m'embarrasse ? Je vous trouve plaisant !

AMILARÉ.

Je ne ne dis pas cela.... Allons.

(Ils chantent ensemble.)

« Cupidon ne sait plus de quel bois faire flèche. »

Cela ne vaut pas le diable. (bégayant.) Cu, cu, cu.

TROTENVILLE.

Cu, cu, cu.... Voilà un air bien puant !

AMILARÉ.

Allons, Monsieur, tout de bon : Cu, cu, cu.... Chantez donc juste, si vous voulez.

TROTENVILLE, lui jetant le papier au nez.

Oh ! chantez juste vous-même ; je sais bien ce que je dis. Est-ce que je ne vois pas bien qu'il faut marquer là une dissonance, et que l'octave s'entrechoquant avec l'unisson, vient à former un dièse bémol. Mais, voyez cet ignorant !

AMILARÉ.

Monsieur, avec votre permission, si les musiciens n'en savent pas plus que vous, ce sont de grands ânes.

TROTENVILLE.

Plaît-il, mon ami? Savez-vous que vous êtes un sot par nature, par bémol et par bécarre? Je vous apprendrai à insulter ainsi la croche françoise.

AMILARÉ.

Un sot! à moi!

(Il donne de son chapeau dans le visage de Trotenville.)

TROTENVILLE, *mettant la main sur son épée.*

Par la mort! par le sang!... Mesdames, je vous donne le bonsoir.

(Il s'en va d'un côté, et Amilaré de l'autre.)

SCÈNE IX.

COLOMBINE, seule, riant.

Ah! ah! ah! de la manière qu'il s'y prenoit, je croyois qu'il alloit tout tuer.

FIN DU PREMIER ACTE.

ACTE SECOND.

SCÈNE PREMIÈRE.

Le théâtre représente une place publique.

ARLEQUIN, MEZZETIN.

ARLEQUIN.

Oh çà! je vous dis, encore une fois, que nous nous brouillerons, si vous ne me tenez parole. J'ai fait le barbier; j'ai volé la bourse; il y avoit cent louis d'or dedans; vous m'en avez promis dix : je prétends les avoir, ou je ne me mêle plus de rien.

MEZZETIN.

Que tu es impatient! Je te les ai promis, et tu les auras; et de plus, je te promets de te faire épouser Colombine; mais il faut faire encore une petite fourberie.

ARLEQUIN.

Pour épouser Colombine, j'en ferois cinquante, des fourberies.

MEZZETIN.

Oh çà! tiens-toi un peu en repos, et laisse-moi rêver au moyen de t'introduire chez monsieur Sotinet, pour rendre cette lettre à Isabelle.

ARLEQUIN, *pendant que Mezzetin rêve.*

J'aurai Colombine, au moins.

MEZZETIN.

Oui, vous dis-je, vous l'aurez.

(Il rêve.)

ARLEQUIN.

Et Colombine m'aura-t-elle aussi?

MEZZETIN.

Eh morbleu, oui! vous l'aurez, et elle vous aura. Laissez-moi en repos.

(Il rêve.)

ARLEQUIN, *comptant les boutons de son justaucorps.*

Je l'aurai, je ne l'aurai pas; je l'aurai, je ne l'aurai pas; je l'aurai, je ne l'aurai pas; je ne l'aurai pas.

(Il pleure.)

MEZZETIN.

Qu'est-ce? qu'avez-vous? pourquoi pleurez-vous?

ARLEQUIN.

Je n'aurai pas Colombine : hi, hi, hi!

MEZZETIN.

Qui est-ce qui vous a dit cela?

ARLEQUIN, *montrant ses boutons.*

C'est la boutonomancie.

MEZZETIN.

Que le diable t'emporte, toi et ta boutonomancie! Laisse-moi songer en repos. Je t'assure, encore une fois, que tu auras Colombine, le colombier, les pigeons, et tout ce qui a relation à elle. Console-toi donc, et ne m'interromps pas davantage.

(Il rêve).

ARLEQUIN.

Voilà Colombine, (Il montre le doigt index de sa main droite.) et voici Arlequin. (Il montre le doigt index de sa main gauche.) Arlequin dit : Bonjour, ma colombelle. Colombine répond : Bonjour, mon pigeonneau.... Adieu, ma belle.... Adieu, mon....

MEZZETIN, lui donnant un coup de pied au cul.

Adieu, vilain magot. Tu ne veux donc pas te tenir un moment en repos?

ARLEQUIN.

Je répétois les compliments de noce.

MEZZETIN.

Pour vous empêcher de complimenter davantage, venez çà. (Il lui prend les mains, et les lui fourre dans sa ceinture.) Si vous ôtez vos mains de là, vous n'épouserez point Colombine.

(Il rêve.)

ARLEQUIN, les mains dans sa ceinture.

Mezzetin?

MEZZETIN.

Que vous plaît-il?

ARLEQUIN.

Y aura-t-il des violons à ma noce?

MEZZETIN.

Oui, il y aura des violons, des vielles, et de toutes sortes d'instruments.

(Il rêve.)

ARLEQUIN.

Mezzetin?

MEZZETIN.

J'enrage! que vous plaît-il?

ARLEQUIN.

Et y dansera-t-on, à la noce?

MEZZETIN.

On y dansera; oui, bourreau. Ne te tairas-tu jamais?

(Il rêve.)

ARLEQUIN.

On dansera à ma noce, et je danserai avec Colombine! Ah! quel plaisir!

(Il danse.)

MEZZETIN.

Oh! pour le coup, c'en est trop. Couchez-vous, vite. (Arlequin se couche par terre.) Nous verrons un peu à présent si vous vous tiendrez en repos. Imaginez-vous que vous êtes dans un lit, et que vous dormez.

ARLEQUIN.

Je suis dans un lit?

ACTE II, SCÈNE I.

MEZZETIN.

Oui, dans un lit, et Colombine est couchée avec vous.
(Il rêve.)

ARLEQUIN.

Mezzetin?

MEZZETIN.

A la fin, il faudra que je change de nom. Que voulez-vous?

ARLEQUIN.

Fermez les rideaux du lit, de peur du vent.

MEZZETIN, faisant semblant de tirer les rideaux du lit.

Quelle patience!
(Il rêve.)

ARLEQUIN.

Mezzetin?

MEZZETIN.

Encore! qu'est-ce qu'il y a, double enragé chien?

ARLEQUIN.

Donnez-moi le pot-de-chambre.

MEZZETIN prend son bonnet et le met auprès de la tête d'Arlequin.

Tiens, voilà le pot-de-chambre; puisses-tu pisser la parole!

ARLEQUIN.

Ah! ma chère Colombine, que je t'embrasse, mon petit cœur! m'amour!
(Il se roule sur le théâtre.)

MEZZETIN.

Tenez, tenez! si je prends un bâton, je te romprai bras et jambes à la fin. Veux-tu t'arrêter? Lève tes pieds. (Il lui fait lever les pieds, et s'assied sur ses genoux, un bâton à la main.) Si tu remues à présent, ou que tu parles, nous allons voir beau jeu. (Après avoir rêvé, il se dit à lui-même,) J'habillerai Arlequin en chevalier; il ira heurter à la porte de Sotinet : d'abord, voilà Colombine.....

ARLEQUIN.

Colombine! et où est-ce qu'elle est?

(Il ouvre ses genoux, et se lève pour voir Colombine. Mezzetin tombe, se relève et court après Arlequin pour le frapper.)

SCÈNE II.

Le théâtre représente l'appartement d'Isabelle.

M. SOTINET, ISABELLE, COLOMBINE.

SOTINET.

Madame, je vous déclare, pour la dernière fois, que je ne veux plus avoir ce train-là dans ma maison. Je ne sais plus qui y est maître. Que ne payez-vous les gens à qui vous devez; et pourquoi faut-il que j'aie tous les jours la tête rompue de vos folles dépenses, qui me mènent à l'hôpital? Je ne vois ici que des marchands qui apportent des parties, où des maîtres qui demandent des mois.

ISABELLE.

Ah! vraiment, je vous trouve plaisant! J'aime assez vos airs de reproches! Et depuis quand les maris prennent-ils ces hauteurs-là avec leurs femmes? Sachez, s'il vous plaît, Monsieur, qu'un homme comme vous, qui a épousé une fille de qualité comme moi, est trop heureux quand elle veut bien s'abaisser à porter son nom. Mon mérite n'est-il pas bien soutenu d'avoir pour piédestal le nom de monsieur Sotinet? Madame Sotinet! ah! quelle mortification! Je sens un soulèvement de cœur, quand j'entends seulement prononcer le nom de monsieur Sotinet.

COLOMBINE.

Et que n'en changez-vous, Madame? n'est-ce pas la mode? Je connois un homme qui s'appelle monsieur Josset, et sa femme se fait appeler madame la marquise de Bas-Aloi.

SOTINET.

Taisez-vous, impertinente; on ne vous parle pas. Est-ce à vous à mettre là votre nez? Vous n'êtes pas plus sage que votre maîtresse.

ISABELLE.

Pourquoi voulez-vous qu'elle se taise, quand elle

a raison? Ne sait-on pas assez dans le monde l'honneur que je vous ai fait, quand je vous ai épousé? Mais vous devez vous mettre en tête que je vous ai plutôt pris pour mon homme d'affaires que pour mon mari; et je vous prie de ne plus vous mêler de ma conduite.

COLOMBINE.

Madame parle comme un oracle; toutes les paroles qu'elle dit sont des sentences que toutes les femmes devroient apprendre par cœur.

SOTINET.

Vous devriez mourir de honte de la vie que vous menez. On n'entend parler d'autre chose que de votre jeu et de vos dépenses. Nous demeurons dans la même maison, et il y a huit jours que je ne vous ai rencontrée. Vous vous allez promener quand je me couche, et vous ne vous couchez que quand je me lève.

ISABELLE.

Ah! Colombine, ne te souviens-tu point de ce petit air que m'apprit hier monsieur le Marquis? Je l'ai oublié.

COLOMBINE.

Non, Madame; mais si vous voulez, je vais vous en chanter un que je viens d'apprendre. La, la, la.

SOTINET.

Te tairas-tu donc, coquine? Il y a long-temps

ACTE II, SCÈNE II.

que je suis las de tes impertinences. C'est toi qui me la gâtes, et un grand traîneur d'épée qui ne bouge d'ici. Mais j'empêcherai bien que cela ne dure, et je veux que tu sortes tout présentement de chez moi. Allons, qu'on déniche tout à l'heure.

COLOMBINE.

Moi? je n'en ferai rien.

SOTINET.

Tu ne sortiras pas?

COLOMBINE.

Non, je ne sortirai pas.

SOTINET.

Comment donc! est-ce que je ne suis pas le maître ici?

COLOMBINE.

Pardonnez-moi.

SOTINET.

Je ne pourrai pas mettre dehors une coquine de servante quand il me plaira?

COLOMBINE.

Je ne dis pas cela.

SOTINET.

Eh! pourquoi dis-tu donc que tu ne sortiras pas?

COLOMBINE.

C'est que je vous aime trop.

SOTINET.

Je ne veux pas que tu m'aimes, moi; je veux que tu me haïsses.

COLOMBINE.

Il m'est impossible; je sens pour vous une tendresse..... Allez, cela n'est guère bien de n'avoir pas plus de naturel pour des gens qui vous affectionnent.

(Elle pleure.)

SOTINET.

Oh! la bonne bête!

ISABELLE.

Hé bien! Monsieur, aurez-vous bientôt fait? Savez-vous que je ne m'accommode point de tous vos dialogues. Je vous prie, Monsieur, de vous en aller dans votre appartement, et de me laisser en repos dans le mien. Sitôt que je suis un moment avec vous, mes vapeurs me prennent d'une violence épouvantable.

SOTINET.

Je m'ennuie bien aussi d'y être, Madame, et je voudrois.....

ISABELLE.

Ah! Colombine, je n'en puis plus. Soutiens-moi. De l'eau de la reine d'Hongrie. Hai!

COLOMBINE.

Hé! Monsieur, retirez-vous; voilà Madame qui

trépasse, et je la garantis morte, si vous ne décampez tout à l'heure.

SCÈNE III.

ISABELLE, COLOMBINE.

COLOMBINE.

La, là, revenez; il est parti : cela vaut bien mieux qu'une bouteille d'eau de la reine d'Hongrie. Ma foi, Madame, je ne sais pas ce que vous faites de cet homme-là; mais je sais bien, moi, ce que j'en ferois, si j'étois à votre place. Quel moyen de vivre avec lui? Il a toute la journée le gosier ouvert pour faire enrager tout le monde.

ISABELLE.

A te dire vrai, Colombine, je suis bien lasse de la vie que je mène. C'est un homme qui n'est jamais dans la route de la raison; il a des travers d'esprit qui me désolent. Mais que veux-tu? Je suis mariée; c'est un mal sans remède. Toute ma consolation est que nous nous ferons bien enrager tous deux.

COLOMBINE.

Mariée! voilà une belle affaire! est-ce là ce qui vous embarrasse? Bon, bon! on se démarie aussi facilement qu'on se marie; et je savois toujours

bien, moi, que tôt ou tard il en falloit venir là;
il n'y auroit pas de raison autrement. Il ne tiendra
donc qu'à faire impunément enrager les femmes,
sous prétexte qu'elles sont douces et qu'elles n'aiment pas le bruit! Oh! vous en aurez menti, Messieurs les maris; et quand il n'y auroit que moi, j'y
brûlerai mes livres, ou cela sera autrement. Donnez-moi la conduite de cette affaire-là; vous verrez
comme je m'y prendrai.

ISABELLE.

Mon Dieu! Colombine, je voudrois bien n'en
point venir là : je fais même tout ce que je puis pour
avoir quelque estime pour monsieur Sotinet; mais
je ne saurois en venir à bout. Je voudrois, Colombine, que tu fusses mariée; tu verrois si c'est une
chose si aisée que d'aimer un mari.

COLOMBINE.

Bon! est-ce que je ne le sais pas bien? N'allez pas
aussi vous mettre en tête de le vouloir faire; vous
y perdriez vos peines et votre temps.

ISABELLE.

Et va, va, je n'y tâche que de bonne sorte. Mais
nous perdons bien du temps. Je dois aller passer
l'après-dînée chez la Marquise : viens achever de
m'habiller dans mon cabinet.

COLOMBINE.

Mais, Madame, qui est-ce qui entre là?

SCÈNE IV.

ISABELLE, COLOMBINE, LE CHEVALIER DE FONDSEC. (1)

LE CHEVALIER.

Un dévoiement, Madame, causé à ma bourse par les fréquentes crudités d'une fortune indigeste, m'a obligé d'avoir recours au remède astringent d'un petit billet payable au porteur, que j'apportois à Monsieur votre époux ; mais n'y étant pas, j'ai cru qu'un homme de ma qualité pouvoit entrer de volée chez les dames, et que vous ne seriez pas fâchée de connoître le chevalier de Fondsec.

(Tout ce rôle du Chevalier se prononce en gascon.)

ISABELLE.

Je suis ravie, Monsieur, de l'honneur que je reçois ; mais je voudrois que ce ne fût pas une suite de votre malheur, et devoir à ma bonne fortune, et non pas à votre mauvaise, la visite que je reçois : mais il faut espérer que vous serez plus heureux.

LE CHEVALIER.

Comment voulez-vous, Madame ? Pour être heu-

---

(1) Ce rôle étoit joué par Arlequin.

reux, il faut jouer; pour jouer, il faut avoir de l'argent, et pour avoir de l'argent, que diable faut-il faire? car nous autres chevaliers de Gascogne nous n'avons jamais connu ni patrimoine, ni revenu.

COLOMBINE.

Il est vrai que de mémoire d'homme on n'a jamais vu venir une lettre de change de ce pays-là.

ISABELLE.

Monsieur le Chevalier voudra bien passer toute l'après-dînée avec nous?

LE CHEVALIER.

Ma foi, Madame, je ne sais pas si je pourrai me prostituer à votre visite; car c'est aujourd'hui mon grand jour de femmes. Je m'en vais voir sur mes tablettes. (Il tire ses tablettes et lit.) Le mercredi, à cinq heures, chez Dorimène. Oh! ma foi, il est trop tard. A cinq heures et un quart, chez la comtesse qui m'a envoyé cette épée d'or. (En riant.) Ah, ah! la sotte prétention! Vouloir que je rende une visite pour une épée qui ne pèse que soixante louis! Non, Madame, je n'irai pas; non, vous dis-je; j'y perdrois. A six heures et demie, promis à Toinon, au troisième étage, rue Tire-Boudin. Oh! ma foi, cette visite-là se peut remettre. Allons, Madame, je suis à vous pendant toute l'après-dînée, et pendant toute la nuit, si vous voulez : il en coûtera la vie à trois ou quatre femmes ; mais qu'y faire ? le moyen d'être partout ?

SCÈNE V.

ISABELLE, COLOMBINE, LE CHEVALIER,
UN LAQUAIS.

LE LAQUAIS.

MONSIEUR, vos laquais sont là-bas, qui demandent à vous parler.

LE CHEVALIER.

Dis-leur que je n'ai rien à leur dire.

LE LAQUAIS.

Ils font un bruit du diable ; ils disent qu'il y a trois jours qu'ils n'ont mangé.

LE CHEVALIER.

Voilà de plaisants marauds ! est-ce à faire à ces coquins-là de manger ? Et que feront donc les maîtres ? (Vers Isabelle.) Madame, voyez là-bas s'il y a quelque chose de reste, et qu'on leur donne seulement pour les empêcher de crier.

ISABELLE, au laquais.

Dites là-bas qu'on leur donne à manger.

SCÈNE VI.

ISABELLE, COLOMBINE, LE CHEVALIER.

COLOMBINE.

Il faut dire la vérité; monsieur le Chevalier est d'un bon naturel : il ôteroit volontiers le morceau de sa bouche pour le donner à ses gens.

LE CHEVALIER.

Ces gueux-là sont trop heureux avec moi. C'est une commission que de me servir.

COLOMBINE.

Ils sont quelquefois trois jours sans manger; mais aussi je crois que vous leur donnez de gros gages.

LE CHEVALIER.

Je le crois, vraiment; au bout de trois ans, je leur donne congé pour récompense.

COLOMBINE.

Ils ne sont pas malheureux. Voilà le meilleur de votre condition.

ISABELLE.

Oh çà, monsieur le Chevalier, voilà un chagrin qui me saisit. Que ferons-nous après la collation? Quand je n'ai plus que deux ou trois plaisirs à prendre dans le reste du jour, je suis dans une langueur mortelle; et je m'ennuie presque toujours dans la crainte que j'ai de m'ennuyer bientôt. Il faut envoyer voir ce que l'on joue aux Italiens. Broquette! Broquette!

SCÈNE VII.

ISABELLE, COLOMBINE, LE CHEVALIER,
UN LAQUAIS.

LE LAQUAIS.

Madame.

ISABELLE.

Allez voir ce que l'on joue aujourd'hui à l'Hôtel de Bourgogne.

SCÈNE VIII.

ISABELLE, COLOMBINE, LE CHEVALIER.

COLOMBINE.

Je ne sais pas, Madame, ce que vous voulez faire; mais je vous avertis que Monsieur a enfermé une roue du carrosse dans son cabinet, pour vous empêcher de sortir.

ISABELLE.

Qu'importe ? nous irons dans le carrosse de monsieur le Chevalier.

LE CHEVALIER.

Cela ne se peut pas, Madame ; mon cocher s'en sert : c'est que je lui donne mon carrosse un jour la semaine pour ses gages ; c'est aujourd'hui son jour, et il l'a loué à des dames qui sont allées au bois de Boulogne.

COLOMBINE.

Cela ne doit pas nous arrêter. Si Madame veut aller à l'Opéra, je trouverai bien un carrosse.

ISABELLE.

Ah ! fi, Colombine, avec ton Opéra. Peut-on revenir à la demi-Hollande, quand on s'est si long-temps servi de batiste ? J'y allai dès deux heures à la première représentation ; j'eus tout le temps de m'ennuyer avant que l'on commençât ; mais ce fut bien pis, quand on eut une fois commencé.

COLOMBINE.

Je ne conçois pas comment on peut s'ennuyer à l'Opéra ; les habits y sont si beaux !

ISABELLE.

Je vois bien que nous ne sommes pas engouées de musique aujourd'hui, et qu'il faudra nous en tenir à la Comédie italienne.

LE CHEVALIER.

En vérité, Madame, je ne sais pas quel plaisir vous trouvez à vos comédies italiennes ; les acteurs en sont détestables. Est-ce qu'Arlequin vous divertit ? C'est une pitié ! Excepté cet homme qui parle normand dans l'Empereur de la lune, tout le reste ne vaut pas le diable. J'étois dernièrement à une pièce nouvelle ; elle n'étoit pas encore commencée, que j'entendois accorder les sifflets au parterre, comme on fait les violons à l'Opéra. Je m'en allai aussitôt, pestant comme un diable contre ces nigauds-là, et je n'en voulus pas voir davantage.

ISABELLE.

Vous n'attendîtes donc pas que la toile fût levée ?

LE CHEVALIER.

Hé ! vraiment non. Ne voit-on pas bien d'abord à ces indices-là qu'une pièce ne vaut rien ?

SCÈNE IX.

ISABELLE, COLOMBINE, LE CHEVALIER,
UN LAQUAIS.

ISABELLE, au laquais.

Approchez, petit garçon. Hé bien ! quelle pièce joue-t-on ?

LE LAQUAIS.

Madame, on joue le Sirop pour purger.

LE CHEVALIER.

Ne vous l'avois-je pas bien dit, Madame? Ces gens-là ne jouent que de vilaines choses.

LE LAQUAIS.

Madame, combien mettra-t-on de couverts?

ISABELLE.

Deux, un pour monsieur le Chevalier, et l'autre pour moi.

LE LAQUAIS.

N'en mettra-t-on pas aussi un pour Monsieur?

ISABELLE.

Non. Ne savez-vous pas bien que Monsieur ne mange point à table quand il y a compagnie?

LE CHEVALIER, au laquais.

Parle, mon ami; mets deux couverts pour moi; je mangerai bien pour deux personnes.

FIN DU SECOND ACTE.

Nota. On a supprimé ici trois scènes qui ne consistent qu'en jeux italiens, et ne servent qu'à amener un divertissement tout-à-fait étranger à la pièce, et qui termine le second acte.

ACTE TROISIÈME.

SCÈNE PREMIÈRE
ITALIENNE.

AURÉLIO, MEZZETIN.

Aurélio dit à Mezzetin que sa sœur Isabelle est presque déterminée à souffrir qu'on la sépare d'avec son mari; que Colombine, qui travaille de concert avec lui, est après elle pour la déterminer entièrement; qu'on plaidera devant le dieu d'Hymen, et que lui-même sera la divinité qui prononcera l'arrêt. Mezzetin s'en réjouit, et dit qu'il cherchera un avocat pour plaider en faveur d'Isabelle : après quoi ils s'en vont.

SCÈNE II.

ISABELLE, COLOMBINE.

COLOMBINE.

Dieu merci, Madame, ce que je demandois est enfin arrivé : nous plaiderons, morbleu! nous plaiderons! la gueule du juge en pètera, et je ne souffrirai pas que vous soyez plus long-temps le rendez-vous des violences de monsieur Sotinet. Vous ne serez plus madame Sotinet, où j'y perdrai mon latin. Je viens de consulter un avocat de mes amis sur votre affaire : bon ! il dit que cela ira son grand chemin, et qu'il y auroit là de quoi faire casser aujourd'hui vingt mariages.

ISABELLE.

En vérité, Colombine, j'ai eu bien de la peine à me résoudre à ce que tu as voulu. On va me tympaniser par la ville, et je vais donner la comédie à tout Paris.

COLOMBINE.

Ah ! vraiment, nous y voilà ! on va vous tympaniser ! Eh ! mort non pas de ma vie, Madame, c'est vous éterniser que de faire un coup d'éclat comme celui-là ! Dites-moi, je vous prie, auroit-on tant d'empressement à lire l'histoire galante de certaines femmes, si une séparation ne les avoit rendues célèbres ? Sauroit-on la magnificence de madame Lycidas, en justaucorps de soixante pistoles, les discrétions qu'elle perd avec son galant, si elle n'avoit pas plaidé contre son mari ? et l'on n'auroit jamais connu tout l'esprit d'Artémise, sans ses lettres, qui ont été produites à l'audience. Je vous le dis, Madame, il n'y a rien tel que de bien débuter dans le monde, et voilà le plus court chemin. On avance plus par là en un jour d'audience, qu'en vingt années de galanterie; et vous me remercierez dans peu des bons avis que je vous donne.

ISABELLE.

Il falloit donc, Colombine, que je m'apprisse de longue main à mépriser, comme ces femmes dont tu me parles, les chimères et les fantômes de réputation et d'honneur qui font peur aux esprits simples comme le mien. Je conviens, avec toi, qu'il y a beaucoup d'honnêtes femmes qui sont lasses de leur métier et de leur mari; mais, du moins, elles n'en instruisent pas la ville par la bouche d'un avocat, et ne se font point déclarer fieffées coquettes par arrêt de la cour.

COLOMBINE.

C'est qu'elles n'ont pas un mari aussi bourru que vous en avez un. Vous êtes trop bonne, et vous gâtez les maris. Une bonne séparation, Madame, un bonne séparation; et le plus tôt, c'est le meilleur. Il y a déjà près de deux ans que vous êtes femme de monsieur Sotinet; et quand ce seroit le meilleur mari du monde, il seroit gâté depuis le temps.

ISABELLE.

Fais donc tout ce que tu voudras. Mais faudra-t-il que j'aille solliciter toutes ces jeunes barbes de juges, qui me riront au nez, et qui sont ravis d'avoir des affaires de cette nature-là?

COLOMBINE.

Oh! Madame, ne vous mettez point en peine, vous n'irez point aux juridictions ordinaires : le dieu d'Hymen est arrivé depuis quelque temps en cette ville, pour démarier toutes les personnes qui sont lasses du mariage. Il aura de la pratique, comme vous pouvez juger. Je veux qu'il commence par vous. Laissez-moi faire; j'ai une peste de tête....

SCÈNE III.

ARLEQUIN, ISABELLE, COLOMBINE.

COLOMBINE.

AH ! mon pauvre Arlequin, tu viens ici bien à propos. (à Isabelle.) Tenez, Madame, voilà l'avocat que je vous veux donner. (à Arlequin.) Viens çà, sais-tu plaider?

ARLEQUIN.

Si je sais plaider? j'ai été quatre ans cocher du plus fameux avocat de Paris. Il me fit une fois plaider en sa place pour un homme qui avoit fait quelque petite friponnerie. Il devoit naturellement, et suivant toutes les règles de la justice, aller droit aux galères; je lui épargnai la fatigue du chemin :

je fis tant qu'il n'alla qu'à la Grève. Je criai comme un diable.

COLOMBINE.

Tu plaides donc bien? Il n'en faut pas davantage pour gagner le procès le plus désespéré. Allons, viens; suis-moi : je te dirai ce qu'il faut que tu fasses.

ISABELLE.

Je ne sais pas, Colombine, dans quelle affaire tu m'embarques là.

COLOMBINE.

Ne vous mettez pas en peine, Madame, je vous en tirerai. Je ne vous dis pas ce que j'ai envie de faire.

SCÈNE IV.

ARLEQUIN, MEZZETIN.

MEZZETIN.

Je te cherchois. Colombine m'a dit que tu avois servi chez un avocat.

ARLEQUIN.

Cela est vrai.

MEZZETIN.

Étois-tu clerc?

ARLEQUIN.

Non. C'étoit moi qui recousois les sacs et les étiquettes.

MEZZETIN.

J'ai besoin de toi. Voici la dernière fourberie que tu feras : il faut que tu plaides la cause de mademoiselle Isabelle, devant le dieu de l'Hyménée.

ARLEQUIN.

Et comment m'y prendre ? La profession d'avocat n'est pas si aisée.

MEZZETIN.

Bon ! il n'y a rien au monde de si aisé. (à part.) Il le faut prendre par la gueule. (haut.) Un avocat va le matin en robe au palais. Dès qu'il y est, il entre à la buvette, où il mange des saucisses, des rognons, des langues, et boit du meilleur.

ARLEQUIN.

Un avocat mange des saucisses ? Oh ! si cela est, je serai avocat, et bon avocat ; car je mangerai plus de saucisses qu'un autre ; je les aime à la folie.

MEZZETIN.

D'abord, tu commenceras ton plaidoyer en disant : Messieurs, je parle pour mademoiselle Isabelle, contre son mari, qui est un débauché, un puant, un fou, et autres choses semblables..

ARLEQUIN.

Laisse-moi faire, pourvu que les saucisses marchent........

ACTE III, SCÈNE IV.

MEZZETIN.

Oh! cela s'en va sans dire. Oh çà, prends que je sois le juge; commence par plaider.

ARLEQUIN.

Je ne puis pas.

MEZZETIN.

Et d'où vient?

ARLEQUIN.

C'est que je n'ai pas encore été à la buvette.

MEZZETIN.

Nous irons après : répétons toujours auparavant.

ARLEQUIN.

Mais répétons donc aussi la buvette.

MEZZETIN.

Voilà une buvette qui te tient bien au cœur! Tiens, prends que je sois le juge. (Il fait semblant de s'asseoir dans un fauteuil, puis dit :) Avocat, plaidez.

ARLEQUIN.

Messieurs........

MEZZETIN.

Fort bien.

ARLEQUIN.

Messieurs... Messieurs... Messieurs, je conclus...

MEZZETIN.

A quoi concluez-vous?

ARLEQUIN.

Je conclus à ce que nous allions manger les saucisses, avant qu'elles refroidissent.

(Il s'en va, Mezzetin court après.)

SCÈNE V.

M. SOTINET, PIERROT.

SOTINET.

Hé bien ! que t'a dit monsieur de la Griffe, mon avocat ? Viendra-t-il bientôt ?

PIERROT.

Monsieur, il est bien malade ; il ne pourra pas venir : en taillant sa plume, il s'est coupé un peu le doigt ; il dit qu'il ne pourra pas plaider en l'état où il est.

SOTINET.

Comment ! est-il fou ?

PIERROT.

Il m'a dit qu'il alloit envoyer un jeune homme en sa place, qui plaide comme un diable, et qui vous fera aussi bien perdre votre procès que lui-même.

SOTINET.

Cette affaire-là me fera mourir ; je n'en sortirai jamais à mon honneur. Ma femme m'a fait assigner devant le dieu de l'Hymen ; on n'est guère favorable aux maris à ce tribunal-là. Ce qui me fâche le plus, c'est que l'on me fera rendre vingt mille écus que je n'ai point reçus. Allons.

PIERROT.

Hé ! Monsieur, consolez-vous : il y a bien des gens qui voudroient être quittes de leurs femmes à ce prix-là.

SCÈNE VI.

Le théâtre représente le temple de l'Hyménée, au milieu duquel est un tribunal soutenu de bois de cerfs et de cornes d'abondance. Le dieu de l'Hymen, vêtu de jaune, avec une très-grande mante, doublée de souci et parsemée de petits croissans, sort au son des instruments. Il est précédé de la Joie et des Plaisirs, et suivi du Chagrin et de la Tristesse. Après qu'il a fait le tour du théâtre, il va se mettre sur son tribunal, qui est entouré tout aussitôt par une infinité d'enfants et de nourrices, qui tiennent des berceaux, des poêlons, des langes et autres ustensiles qui servent à élever les petits enfants.

AURÉLIO en dieu de l'Hymen ; COLOMBINE en avocat, sous le nom de BRAILLARDET ; ARLEQUIN en avocat, sous le nom de CORNICHON ; M. SOTINET, ISABELLE, plusieurs Assistants.

BRAILLARDET, plaidant.

Pour messire Mathurin-Blaise Sotinet, sous-fermier; contre la dame Sotinet, sa femme, demanderesse en séparation.

Je ne suis pas surpris, Messieurs, de voir à ce nouveau tribunal une femme qui veut secouer le joug d'un mari; mais je m'étonne de n'y pas voir avec elle la moitié des femmes de Paris.

CORNICHON.

Donnez-vous un peu de patience; nous n'aurons pas plus tôt démarié la première, qu'elles y viendront toutes les unes après les autres.

BRAILLARDET.

En effet, Messieurs, une jeune femme qui épouse un vieillard, dans l'espérance de l'enterrer six mois après, n'est-elle pas en droit de lui demander raison de son retardement; et n'est-elle pas bien fondée à faire rompre son mariage, puisque son mari n'a pas satisfait à l'article le plus essentiel du contrat, par lequel il s'est obligé tacitement à ne pas passer l'année? Celui pour qui je parle, après avoir long-temps contemplé du port les naufrages de tant de malheureux époux, s'embarqua enfin sur la mer orageuse du mariage; et quand il fit ce solécisme en conduite, qu'il souffrit cette léthargie de bon sens, cette éclipse de raison, s'il se fût mis une corde au cou, ou qu'il se fût jeté dans la rivière, il n'auroit jamais tant gagné en un jour.

CORNICHON.

Ni sa femme aussi.

BRAILLARDET.

Il fit ce qu'ont accoutumé de faire les gens sur le retour, quand ils épousent de jeunes filles ; c'est-à-dire qu'il confessa avoir reçu vingt mille écus, quoiqu'elle ne lui eût jamais rien apporté en mariage qu'un fonds de galanterie outrée, et une fureur effrénée pour le jeu : voilà la dot de la dame Sotinet.

CORNICHON.

Avec votre permission, maître Braillardet, vous ne vous tiendrez pas pour interrompu si je vous dis que vous en avez menti : il a reçu vingt bons mille écus.

BRAILLARDET.

Des démentis, Messieurs, des démentis ! il est vrai que voilà le style ordinaire de maître Cornichon.

CORNICHON.

Eh ! allez, allez votre chemin : je vous vois venir avec vos suppositions. Une fureur pour le jeu ! une femme qui n'a pas vingt ans ! une fureur pour le jeu !

BRAILLARDET.

Oui, oui, Messieurs ; quand je dis que voilà la dot de la dame Sotinet, je n'avance rien que de véritable; mais ne croyez pas que, parce qu'elle n'a rien eu en mariage, elle en dépense moins en se mariant. Les jeunes filles qui se vendent à des vieillards, achètent en même temps le droit de les envoyer à l'hôpital promptement, par leurs dépenses extravagantes : c'est ce qu'a presque fait la dame Sotinet; car, enfin, le pauvre homme ne fut pas plus tôt marié, qu'il vit bien (comme presque tous les autres qui s'enrôlent dans cette milice) qu'il avoit fait une sottise; que le mariage est une affaire à laquelle il faut songer toute sa vie; qu'un bon singe et la meilleure femme sont souvent deux méchants animaux; et que ce grand philosophe avoit bien raison de s'écrier, en voyant trois ou quatre femmes pendues à un arbre : *Que les hommes seroient heureux, si tous les arbres portoient de semblables fruits!*

CORNICHON.

Ce fruit-là seroit diablement âcre, et il ne seroit bon, tout au plus, qu'en compote.

BRAILLARDET.

Il vit, dès le jour même de son mariage, introduire chez lui l'usage des deux lits, usage condamné par nos pères, inventé par la discorde, et fomenté par le libertinage; usage que je puis nommer ici la perte du ménage, l'ennemi mortel de la réconciliation, et le couteau fatal dont on égorge sa postérité.

CORNICHON.

Est-ce que l'on se marie pour coucher avec sa femme? fi! cela est du dernier bourgeois.

BRAILLARDET.

Il vit fondre chez lui, dès le lendemain, tous les fainéants de la ville, chevaliers sans ordre, beaux esprits sans aveu; cent petits poètes crottés, vrais chardons du Parnasse; de ces fades blondins, minces colifichets de ruelles; en un mot, il vit faire de sa maison une académie de jeux défendus, et fut obligé de payer une grosse amende, à quoi il fut condamné. Oui, oui, Messieurs, je n'avance rien que de véritable; et, malgré toutes les précautions, il n'a pas laissé de la payer cette amende, dont voici la quittance signée Pallot. Mais, qui fut le dénonciateur? Vous croyez peut-être que ce fut, comme d'ordinaire, quelque fripon de laquais, enragé d'avoir été chassé de la maison; ou quelque joueur, outré d'avoir perdu son argent? Non, Messieurs, non; ce fut la dame Sotinet. La dame Sotinet! oui, Messieurs, ce fut elle qui, ne sachant plus où trouver de l'argent pour jouer, alla dénoncer elle-même que l'on jouoit chez elle : elle fut condamnée à trois mille livres d'amende. Son mari les paya, et elle reçut son tiers comme dénonciatrice. Que direz-vous, races futures, d'un pareil brigandage?

> Quid non muliebria pectora cogis,
> Auri sacra fames?

CORNICHON.

Vous devriez garder vos passages pour une meilleure cause. Voilà bien du latin de perdu. S'il ne tient qu'à parler latin....

BRAILLARDET.

Hé! je parle bon françois, maître Cornichon; on m'entend bien. Mais ce n'étoit là qu'un prélude des pièces qu'elle devoit faire dans la suite à son mari. Les pierreries, engagées; la vaisselle d'argent, vendue; des tableaux d'un prix extraordinaire, enlevés : car le sieur Sotinet a toujours été extrêmement curieux d'originaux, et se connoissoit parfaitement en peinture.

CORNICHON.

Je le crois bien : il a porté les couleurs assez long-temps pour s'y connoître.

BRAILLARDET.

Cela est faux : il n'a jamais porté que du gris chez un homme d'affaires, et cela s'appelle apprentif sous-fermier, et non pas laquais, maître Cornichon, et non pas laquais. Mais, Messieurs, s'il n'y avoit que de la dissipation dans la conduite de la dame

Sotinet, vous n'entendriez pas retentir votre tribunal des plaintes de son mari ; mais puisqu'il est aujourd'hui obligé d'avouer sa honte et son malheur, approchez, financiers, plumets, chevaliers, et vous godelureaux les plus déterminés ; paroissez sur la scène. Oui, oui, Messieurs, nous trouverons de tous ces gens-là dans l'équipage de la dame Sotinet, équipage qu'elle promène scandaleusement par toute la ville, et la nuit et le jour. Mais, que dis-je, le jour ! non, ce n'est point pour elle que le soleil éclaire, elle méprise cette clarté bourgeoise ; elle ne sort de chez elle qu'avec les oublieurs, et n'y rentre qu'à la faveur des crieurs d'eau-de-vie.

CORNICHON.

La pauvre femme y est bien obligée. Son mari a la cruauté de lui refuser un flambeau ; il faut bien qu'elle attende le jour pour s'en retourner chez elle.

BRAILLARDET.

On ne manquera pas de vous dire que celui pour qui je suis est un brutal ; j'en tombe d'accord : un ivrogne ; je le veux : un débauché ; j'y consens : un homme même qui est quelquefois attaqué de vertiges ; cela est vrai : mais, Messieurs....

SOTINET.

Mais, Monsieur l'avocat, qui vous a donné charge de dire tout cela ?

BRAILLARDET.

Hé! taisez-vous, ignorant : ce sont des figures de rhétorique qui persuadent. (Aux Juges.) Quand tout cela seroit, dis-je, Messieurs, sont-ce des raisons pour faire rompre un mariage? Si je vous parlois des intrigues de la dame Sotinet, de ses aventures galantes, de ses subtilités pour tromper son mari; mais....

Ante diem clauso componet vesper olympo.

Vous rougiriez, illustres et vieilles coquettes de notre temps, de voir qu'une femme de dix-huit ans vous a laissées bien loin après elle dans la carrière de la galanterie, et j'apprendrois aux femmes qui m'écoutent, de nouveaux tours de souplesse; (elles n'en savent déjà que trop). Et pour cela, Messieurs, une femme, qui est le précis, l'élixir, la mère-goutte de la transcendante coquetterie, viendra vous demander une séparation! Ne tiendra-t-il qu'à donner de pareilles détorses à l'Hymen? Ordonnerez-vous qu'un mari soit declaré veuf, avant que d'avoir eu le plaisir d'enterrer sa femme? Non, non, vous n'autoriserez point une telle injustice. Nous espérons, au contraire, que vous obligerez la dame Sotinet à retourner avec son mari, pour mieux vivre avec lui, s'il est possible. C'est à quoi je conclus.

ACTE III, SCÈNE VI.

CORNICHON.

Voilà une belle conclusion. Oh! çà, çà, nous allons voir. (Il plaide.)

Messieurs, je parle pour damoiselle Zorobabel de Roqueventerousse, demanderesse en séparation; contre Mathurin-Blaise Sotinet, sous-fermier, ci-devant laquais, et défendeur.

L'aspect de ce sénat cornu, pompe digne de l'Hymen; cet attirail funeste et menaçant, tout cela, je l'avoue, m'inspire quelque terreur : mais, d'un autre côté, l'équité de ma cause *me recreat et reficit*; puisque je parle ici pour quantité de femmes, qui vous disent, par ma bouche, qu'un mari est à présent un meuble fort inutile; et que, quand il n'y en auroit point, le monde ne finiroit pas pour cela.

Le mois de mars 87, Mathurin-Blaise Sotinet, âgé de soixante-dix ans, sentit un prurit pour la noce, une démangeaison pour le mariage; cette vieille rosse, refaite et maquignonée, cette mèche sèche et ridée, prit feu aux étincelles des yeux de celle pour qui je parle. Il l'épousa, et il ne tint qu'à lui de voir qu'il avoit mis dans sa maison un trésor de sagesse et de prudence, puisqu'elle ne dépensa, en se mariant, que les vingt mille écus qu'elle avoit eus en mariage. Rare exemple de modération pour les femmes d'aujourd'hui, qui montent insolemment sur une grosse dot, pour insulter à l'économie de leurs maris.

BRAILLARDET, en riant.

Ah, ah, ah! l'économie de la dame Sotinet! J'avois oublié de vous dire, Messieurs, que le mariage fut presque rompu, parce que le futur n'avoit envoyé qu'un carreau de cinq cents écus.

CORNICHON.

Je le crois bien. Je connois la fille d'un drapier qui en a renvoyé un de deux mille livres; et si, dans ce temps-là les drapiers n'avoient pas gagné leur procès contre les marchands de soie.

BRAILLARDET.

La femme d'un sous-fermier, un carreau de cinq cents écus!

CORNICHON.

Oh! taisez-vous donc, si vous pouvez. Si on n'impose silence à maître Braillardet, je n'acheverai jamais ma plaidoierie. C'est une femme que cet homme-là; il ne débabille pas.

Vous la voyez, Messieurs, à votre tribunal, cette innocente opprimée, cette femme qui engage ses pierreries, vend sa vaisselle d'argent. Mais pourquoi fait-elle tout cela? pour tirer son mari de prison.

Le sieur Sotinet étoit entré malheureusement dans l'affaire du bois carré. Tous ses associés sont en fuite. On l'appréhende au corps; on l'entraîne au For-l'Évêque. Cette chaste tourterelle, privée de son tourtereau, que d'impitoyables sergents lui ont enlevé, va, court, engage tout. Mais pourquoi, Messieurs? pourquoi, encore une fois? pour tirer son mari d'un cul-de-basse-fosse.

BRAILLARDET.

En vérité, Messieurs, voilà une calomnie atroce. Le sieur Sotinet n'a jamais été en prison. Je demande réparation.

CORNICHON.

Un sous-fermier, jamais en prison! hé bien! donnez-vous un peu de patience, nous l'y ferons bientôt aller.

Mais que dirons-nous, Messieurs, de ses débauches, ou, pour mieux dire, que n'en dirons-nous pas? Car, jusques à quel excès de crapule cet homme-là ne s'est-il point laissé emporter? Mais, que dis-je, un homme? non, Messieurs, c'est plutôt une futaille, ou, pour mieux dire, un râpé qui ne fait que se remplir et se vider à tous moments. C'est un bouchon ambulant; c'est une éponge toute dégouttante de vin, dont les vapeurs obscurcissent et soufflent enfin la chandelle de sa raison.

BRAILLARDET.

Je vous arrête là. C'est une calomnie diabolique...

Le sieur Sotinet ne boit que de l'eau ; cela est de notoriété publique.

CORNICHON.

Un homme qui a été toute sa vie dans les aides, ne boit que de l'eau ! N'avoit-il bu que de l'eau, maître Braillardet, quand, sortant tout chancelant d'un cabaret, pour assister à l'enterrement d'un de ses meilleurs amis, il se laissa tomber dans la fosse, où il seroit encore, si, par malheur pour sa femme, on ne l'en eût retiré ? N'a-t-il bu que de l'eau, quand il revient chez lui le soir, amenant chez soi des femmes d'une vertu délabrée, et qu'il maltraite celle pour qui je suis, de paroles et de coups?

BRAILLARDET.

Des coups ! ah ! Messieurs, on ne sait que trop que c'est le pauvre homme qui les a reçus. Il a porté plus de trois mois un emplâtre sur le nez, d'un coup de chandelier que sa femme lui a donné.

SOTINET, en pleurant.

Cela est vrai. Je ne saurois m'empêcher de pleurer toutes les fois que j'y songe.

CORNICHON.

Vous êtes sous-fermier, Monsieur, et vous pleurez ! Mais, s'il n'y avoit que des coups à essuyer, je ne m'en plaindrois pas ; car on sait bien qu'une femme veut être un peu pansée de la main ; mais de se voir, à tous moments, exposée aux extravagances d'un fou !

SOTINET.

Moi, fou !

CORNICHON.

Oui, Messieurs, je vous le garantis tel, et des plus fous qui se fassent. On n'a qu'à lire les dépositions des témoins, on verra qu'on l'a encore vu aujourd'hui courir les rues à pied, la barbe faite d'un côté, et le bassin passé à son cou.

SOTINET.

Je n'ai jamais fait d'autre folie que celle de prendre ma femme. Hé ! morbleu, plaidez votre cause, si vous voulez.

(Il lève sa canne, et en menace Cornichon.)

CORNICHON.

Vous voyez, Messieurs, que votre présence ne sauroit servir de gourmette à ce furieux. Que seroit-ce, si cette pauvre innocente se trouvoit toute seule avec lui ? Approchez, malheureuse opprimée ; venez, épouse infortunée : c'est à l'ombre de ce tribunal que vous trouverez un asile assuré contre la pétulance de votre persécuteur. Souffrirez-vous, Messieurs, qu'une femme qui (comme dit fort élégamment un savant philosophe) doit être, *vas dignitatis, non voluptatis*, devienne un grenier à coups de poing ? qu'une femme, qui doit être la soucoupe des plaisirs d'un mari, soit le ballon de ses emportements? Non, Messieurs, vous ne souffrirez pas que ces innocentes brebis soient si cruellement égorgées par ces loups ravissants! Eh! qui voudroit dorénavant se mettre en ménage, si vous fermiez la porte aux séparations?

Le divorce ayant été de tout temps tout ce qu'il y a de plus piquant dans le mariage, ce ragoût de veuvage anticipé, cette viduité prématurée que vous allez servir à la dame Sotinet, va faire venir l'eau à la bouche à quantité de femmes de Paris : elles en voudront tâter. Songez, Messieurs, aux honneurs que vous allez recevoir! *cornuum quanta seges!* Vous aurez plus d'affaires que toutes les jurisdictions de la France. L'hôtel de Bourgogne crèvera de monde : vous en aurez toute la gloire, et les comédiens italiens tout le profit. *Dixi.*

(Pendant que le dieu de l'Hymen va aux opinions, les avocats parlent tous deux à la fois.)

BRAILLARDET.

Quand il y auroit quelque petit grain de folie, il y a des intervalles....

CORNICHON.

Ah! taisez-vous, taisez-vous.

(Cela se dit à haute voix.)

JUGEMENT.

LE DIEU DE L'HYMEN.

Ayant aucunement égard à la requête de la partie de maître Cornichon, le dieu de l'Hymen a ordonné que la dame Sotinet demeurera séparée de corps et de biens d'avec son mari; qu'elle reprendra les vingt mille écus qu'elle a apportés en mariage; qu'elle jouira, dès à présent, de son douaire, étant réputée veuve, et d'une pension de trois mille livres; et, attendu la démence avérée du sieur Sotinet, nous avons ordonné qu'à la diligence de sa femme, il sera incessamment enfermé aux Petites-Maisons, ou à Saint-Lazare.

SOTINET.

Moi, enfermé! moi, à Saint-Lazare!

CORNICHON.

Bon! il y a dix ans que vous devriez y être.

(On emmène le sieur Sotinet; Aurélio se découvre à Isabelle.)

ARLEQUIN.

Monsieur l'Hyménée, ce n'est pas tout : vous venez de défaire un mariage; mais il s'agit d'en refaire un autre entre Colombine et moi.

COLOMBINE.

Ah! très-volontiers, à condition que l'on nous démariera au bout de l'an.

ARLEQUIN.

Je le veux bien; car j'ai toujours ouï dire qu'une femme et un almanach sont deux choses qui ne sont bonnes tout au plus que pour une année.

FIN DU DIVORCE.

LA
DESCENTE D'ARLEQUIN
AUX ENFERS,
COMÉDIE.

AVERTISSEMENT

DE L'ÉDITEUR,

SUR LA DESCENTE D'ARLEQUIN

AUX ENFERS.

La Descente d'Arlequin aux Enfers, comédie italienne, mêlée de scènes françoises, en trois actes et en prose, a été représentée, pour la première fois, sur le théâtre de l'hôtel de Bourgogne, le 5 mars 1689, sous le titre de la Descente de Mezzetin aux Enfers.

Il n'y avoit point d'Arlequin alors; Mezzetin en avoit pris l'habit et les rôles, en conservant toutefois son nom de Mezzetin (1); mais après les

---

(1) La mort de Dominique ayant obligé ses camarades à cesser leur spectacle, ce temps fut employé à chercher des moyens pour remplacer le vide que cet excellent acteur faisoit à la troupe. Enfin, le mercredi 1er septembre 1688, les comédiens italiens rouvrirent leur théâtre; Angelo Constantini, dans une scène préparée, reçut de Colom-

débuts de Gherardi, ces rôles ont été rendus à l'Arlequin, et il les a conservés jusqu'à la suppression de la troupe.

Cette pièce est la plus informe de toutes celles qui composent le théâtre italien de Regnard; les scènes n'ont entre elles aucune liaison, et l'on a beaucoup de peine à démêler l'intrigue principale. Il paroît cependant que le poète a travesti Orphée et Amphion en deux musiciens de l'Opéra, qui descendent aux enfers pour redemander leurs femmes.

Nous aurions désiré pouvoir nous procurer le

---

bine l'habillement et le masque d'Arlequin, caractère qu'il joua sous le nom de Mezzetin. Comme il étoit, quoique très-brun, d'une figure gracieuse, et qu'il avoit plu infiniment jusqu'alors à visage découvert, le public lui marqua que, s'il continuoit à porter le masque d'Arlequin, on perdroit en lui un acteur très-varié; en un mot, une espèce de Protée. Angelo Constantini continua cependant de remplir l'emploi qu'il avoit pris après la mort de Dominique, et ne le quitta que lorsque Gherardi (fils de Flautin) eut joué le rôle d'Arlequin, et que cet acteur fut agréé du public : alors il ne joua plus qu'à visage découvert, ce qu'il continua jusqu'à la suppression de ce théâtre, en 1697. (*Histoire de l'ancien théâtre italien*, page 84 canevas italien de cette comédie; mais nos recherches à cet égard ont été infructueuses.

La Descente d'Arlequin aux Enfers n'a point été remise au théâtre depuis le rétablissement de la troupe en 1716.

PERSONNAGES

DES SCÈNES FRANÇOISES.

ARLEQUIN.
COLOMBINE, femme d'Arlequin.
PIERROT, valet d'Arlequin.
ORPHÉE, *Aurélio*.
ISABELLE.
Un vendeur de tisanne, *Pierrot.*
Un auteur, *Colombine.*
PLUTON.
PROSERPINE.
CARON.

LA DESCENTE D'ARLEQUIN AUX ENFERS,
COMÉDIE.

Extrait des principales scènes françoises de la Descente d'Arlequin aux Enfers.

Le théâtre représente les côtes de Thrace, et la mer dans l'éloignement.

SCÈNE PREMIÈRE.

ARLEQUIN, COLOMBINE, PIERROT.

Arlequin paroît le premier sur la scène; il sort du ventre d'une baleine : sa femme Colombine vient ensuite; elle est portée par un gros poisson; Pierrot est en croupe derrière elle; ils descendent tous les deux sur les côtes de Thrace. Arlequin apprend à sa femme qu'il vient pour disputer à Orphée le prix de la musique, et lui lit un cartel burlesque qu'il lui a envoyé; ils paroissent embarrassés tous les deux sur la manière dont ils se tireront dans le pays où ils viennent d'aborder. Pierrot s'en va, et mène en laisse le poisson qui a amené Colombine.

SCÈNE II.

ARLEQUIN, COLOMBINE.

COLOMBINE.

De quoi vivrons-nous en ce pays-ci? car nous n'avons point d'argent.

ARLEQUIN.

Cela m'embarrasse un peu, car ce diable d'argent, c'est la cheville ouvrière d'un ménage.

COLOMBINE.

Si tu voulois me laisser faire, je ferois de bonnes connoissances, et nous n'en serions pas plus mal. Autrefois, quand tu étois absent, je ne manquois de rien.

ARLEQUIN.

Tant pis, morbleu, tant pis! Je me défie diablement de ces femmes qui battent monnoie en l'absence de leurs maris.

COLOMBINE.

Ne voilà-t-il pas? Ces maris se mettent d'abord cent choses dans la tête. C'est bien cela! J'ai des secrets merveilleux, qui m'ont été donnés par un chimiste qui m'aimoit autrefois.

SCÈNE II.

ARLEQUIN.

N'est-ce pas celui qui a le laboratoire au Collége des-Quatre-Nations, qui vend du chocolat volatil, de la crême de perle, et du sirop de diamants ?

COLOMBINE.

Je compose une huile, que j'appelle élixir de patience, dont une goutte, appliquée sur le front d'un mari, le délivre pour jamais du mal de tête.

ARLEQUIN.

Diable ! voilà qui est beau ! Mais je crois que tu gagnerois bien davantage si ton secret le délivroit de sa femme.

COLOMBINE.

J'en ai un autre bien plus beau pour les femmes d'aujourd'hui : je compose la poudre de bonne réputation.

ARLEQUIN.

Oh, oh ! je crois qu'elle est diablement difficile à faire !

COLOMBINE.

Qu'une coquette soit décriée, que sa conduite soit la plus raboteuse du monde, elle n'a qu'à changer de quartier, ne plus voir d'hommes, et prendre une pincée de ma poudre dans un bouillon, en trois mois elle fera assaut de vertu avec les plus vestales.

ARLEQUIN.

Voilà le plus beau secret du monde. Mais peux-tu faire assez de cette poudre-là? J'en ai un pour le moins aussi beau. Qu'un homme ait une colique enragée, en un moment je la lui fais passer; je le couche par terre, je fais chauffer une meule de moulin, et je la lui applique sur l'estomac : n'ayez pas peur qu'il ait jamais la colique.

COLOMBINE.

Ni la colique ni autre mal.

ARLEQUIN.

Le malade meurt ordinairement; mais s'il ne mouroit pas, ce seroit le plus beau secret du monde. J'ai encore un autre moyen pour gagner de l'argent. Tu sais bien que, quand je joue de ma lyre, je fais tout venir à moi. Je n'ai qu'à aller aux Invalides, je servirai de grue pour monter les pierres, et on me paiera comme trente manœuvres ensemble.

COLOMBINE.

Fi! voilà un vilain métier! Je ne veux point d'un mari grue. Fais-toi plutôt maître à chanter; on te donnera deux louis d'or par mois, et tu trouveras peut-être quelque écolière à qui tu ne déplairas pas; car voilà la grippe des femmes d'aujourd'hui.

ARLEQUIN.

Quoi! est-ce un si bon métier?

SCÈNE II.

COLOMBINE.

Je te dis qu'il n'y a pas une plus jolie vacation au monde; on est de tous les bons repas; jamais de promenades sans le maître à chanter : on se donne de petits airs de familiarité avec l'écolière; on lui prend la main pour lui faire battre la mesure : le mari passe tout sur la foi de la musique, et il ne se doute pas, bien souvent, de la partie qu'on fait chanter à sa femme.

ARLEQUIN.

Voilà mon affaire : il n'y a qu'une chose qui m'embarrasse; il me semble que je ne suis pas assez bien habillé.

COLOMBINE.

Ne te mets pas en peine; tu n'auras pas montré trois mois, que tu seras aussi doré que les maîtres à danser. Bon ! une écolière, en levant une jupe chez un marchand, ne lève-t-elle pas aussi une veste pour son maître de musique? Qu'est-ce qu'il lui en coûte? c'est le mari qui paye cela, la bête a bon dos.

ARLEQUIN.

Voilà de jolis profits; mais aussi on a bien de la peine; c'est un rude métier : il faut quelquefois chanter quand on a envie de boire. Mais n'importe, voilà qui est fait; quand l'argent me manquera, je me jette dans la musique. Adieu; je m'en vais chercher Orphée; il n'a qu'à se bien tenir; je lui ferai manger son violon jusqu'au manche.

COLOMBINE.

Et moi, je vais travailler à ma poudre de bonne réputation.

ARLEQUIN.

Ne manque pas d'en garder pour toi. A propos, qu'as-tu fait de nos enfants ?

COLOMBINE.

Pour les cacher à cette âme damnée de Jupiter, qui nous en a tué déjà deux, j'en ai fait un ballot, que j'ai porté à la douane; et je vais voir s'il est arrivé, pour en payer les droits.

ARLEQUIN.

Cette marchandise-là ne devroit pas beaucoup payer d'entrée; elle paye assez à la sortie.

SCÈNE III.

ARLEQUIN, ISABELLE.

(Arlequin fait une déclaration d'amour à Isabelle, et, pour la persuader, il entre dans le détail de ses bonnes qualités.)

ARLEQUIN.

JE suis doux, pacifique, aisé à vivre, l'humeur satinée, veloutée : j'ai vécu six ans avec ma pre-

SCÈNE III.

mière femme, sans avoir le moindre petit démêlé.

ISABELLE.

Cela est assez extraordinaire.

ARLEQUIN.

Une fois seulement, après avoir pris du tabac, je voulois éternuer, elle me fit manquer mon coup : de dépit, je pris un chandelier, je lui cassai la tête, et elle mourut un quart d'heure après.

ISABELLLE.

Ah ciel! est-il possible?

ARLEQUIN.

Voilà le seul différend que nous ayons jamais eu ensemble, et qui ne dura pas long-temps, comme vous voyez.

ISABELLE.

Cela est fort expéditif, je vous l'avoue.

ARLEQUIN.

Quand une femme doit mourir, il vaut bien mieux que ce soit de la main de son mari que de celle d'un médecin, qu'il faut bien payer, et qui vous la traînera six mois ou un an. Je n'aime point à voir languir le monde, et puis l'on gagne son argent par ses mains.

ISABELLE.

Et vous n'avez point horreur d'avoir commis un crime aussi noir que celui-là?

ARLEQUIN.

Moi ? point du tout : je suis accoutumé au sang, de jeunesse. Mon père a fait mille combats en sa vie, où il a toujours tué son homme. Il a servi le roi trente-deux années.

ISABELLE.

Sur terre, ou sur mer?

ARLEQUIN.

En l'air.

ISABELLE.

Comment, en l'air? je n'ai jamais ouï parler de ces officiers-là.

ARLEQUIN.

C'est que, comme il étoit fort charitable, lorsqu'il rencontroit quelque agonisant que l'on menoit à la Grève, il se mettoit avec lui dans la charrette, et l'aidoit à mourir du mieux qu'il pouvoit.

ISABELLE.

Ah l'horreur !

ARLEQUIN.

Tous ses confrères les médecins (car il avoit pris ses licences dans leur école) disoient qu'il n'y avoit jamais eu un homme aussi adroit, et qu'on ne voyoit point de besogne faite comme la sienne; aussi l'avoient-ils fait recteur de la Faculté.

ISABELLE.

Voilà, je vous assure, des talents bien merveilleux; mais comme ce sont, sans doute, des talents de famille, vous deviez prendre la charge de monsieur votre père.

ARLEQUIN.

Je m'y sentois assez d'inclination; mais vous savez qu'il faut qu'un gentilhomme voie le pays : j'ai couru par toutes les sept parties du monde, et me voilà enfin à vos pieds, ma divine Princesse, pour vous dire que je me pendrai assurément, si vous n'êtes unie avec moi par le lien conjugal.

SCÈNE IV.

ARLEQUIN, ISABELLE, COLOMBINE,
qui survient et écoute sans être vue.

ISABELLE.

Je ne trouve qu'une petite difficulté à notre mariage, c'est que je suis déjà mariée.

ARLEQUIN.

Mariée! bon, voilà une belle affaire! Est-ce là ce qui vous embarrasse? Je le suis aussi; mais il n'y a rien de si aisé que d'être veuf : cinq sous de mort-aux-rats en font l'affaire.

ISABELLE.

C'est-à-dire que voilà la manière dont vous traitez

vos femmes, quand vous voulez les régaler : je suis votre très-humble servante, je n'aime point la mort-aux-rats.

ARLEQUIN, l'arrêtant.

Vous me fuyez ! Oui, si vous voulez me promettre de m'épouser, je vous promets, moi, de la faire crever dans deux jours comme un vieux mousquet. Arrêtez donc, beauté léoparde !

COLOMBINE le prend par le bras.

Comme un vieux mousquet !

(Isabelle s'en va.)

SCÈNE V.

ARLEQUIN, COLOMBINE.

ARLEQUIN.

Ah ! ma petite femme, te voilà ? Hé ! que j'ai de joie de te voir, mon petit bouchon !

COLOMBINE.

Ah, scélérat ! voilà donc les transports de ton amour ? Je vous promets de la faire crever dans deux jours.

ARLEQUIN.

Hé ! ne vois-tu pas bien que je disois cela pour rire ? Il faut bien plus de temps pour faire crever une femme..

COLOMBINE.

Ah, malheureux! il faut que je te dévisage.

ARLEQUIN.

C'est elle qui me vouloit mettre à mal.

COLOMBINE.

Non, je ne serai pas contente que je ne t'aie étranglé de mes propres mains.

(Elle se jette sur lui et le bat.)

SCÈNE VI.

ARLEQUIN, COLOMBINE, UN VENDEUR DE TISANE.

ARLEQUIN.

Au meurtre! au guet, au guet! on égorge un bourgeois.

LE VENDEUR DE TISANE.

Chalands, chalands, qui est-ce qui veut boire?

COLOMBINE se met à pleurer aussitôt qu'elle voit le Vendeur de tisane.

Ah, ah, ah!

LE VENDEUR DE TISANE.

Quel vacarme faites-vous donc là? fi donc! quelle honte d'estropier une pauvre femme!

ARLEQUIN.

C'est ma femme : de quoi vous mêlez-vous?

COLOMBINE.

Ah, ah, ah, ah!

LE VENDEUR DE TISANE.

Le sac à vin!

COLOMBINE, toujours pleurant.

Je suis.... hi, hi.

ARLEQUIN.

Par ma foi, voilà une méchante carogne.

LE VENDEUR DE TISANE, à Arlequin.

Ça n'est morgué pas bien, tout franc.

COLOMBINE.

Je suis toute brisée, hé, hé, hé, hé.

ARLEQUIN.

Là, là, là, ma petite femme, ce ne sera rien; cela ne m'arrivera plus.

LE VENDEUR DE TISANE.

Le brutal! quand vous voulez battre une femme, que ne lui sanglez-vous un coup de bâton sur la tête, sans vous amuser à la faire crier deux heures! (à Colombine.) Qu'est-ce donc qu'il vous a fait?

COLOMBINE.

Il m'a...., il m'a.... Ah! je ne saurois parler, er, er, er.

ARLEQUIN.

Par ma foi, je commence à croire que c'est moi qui l'ai battue.

SCÈNE VI.

LE VENDEUR DE TISANE.

Allons, je veux faire la paix : je n'aime pas à voir de noise dans un ménage ; je veux vous raccommoder : venez çà.

COLOMBINE.

Non, je ne lui pardonnerai jamais.

LE VENDEUR DE TISANE *donne un bâton à Colombine, qui en frappe Arlequin.*

Allons, vous voilà quittes.

ARLEQUIN.

Oui, tout d'un côté et rien de l'autre.

LE VENDEUR DE TISANE.

Sans moi, vous vous seriez battus, et vous voilà les meilleurs amis du monde. A la fraîche, à la fraîche ; qui est-ce qui veut boire ?

SCÈNE VII.

ARLEQUIN, UN AUTEUR.

ARLEQUIN, *apercevant l'auteur qui gesticule beaucoup sans rien dire.*

Voila un sac de charbon de l'enfer qui va à la promenade. Monsieur ou Madame, car je ne sais si vous êtes mâle ou femelle, je ne vous vois que par derrière....

L'AUTEUR.

Vade retrò, profane. Qui t'a fait si téméraire que de m'interrompre ?

ARLEQUIN.

Je vous demande pardon.

L'AUTEUR.

Une personne de mon savoir....

ARLEQUIN.

Je n'y tâchois pas.

L'AUTEUR.

Qui fait les madrigaux de Proserpine.

ARLEQUIN.

Je ne le ferai plus.

L'AUTEUR.

Et qui est le premier consignant pour entrer ici-bas à l'académie.

ARLEQUIN.

A l'académie ? quoi, il y en a une ici ? C'est donc une académie de malins esprits.

L'AUTEUR.

Je me promenois sur les bords du Cocyte, pour travailler plus en repos à ma harangue, et tu viens te jeter au travers de mes conceptions !

ARLEQUIN.

Comment donc, est-ce que vous faites vos harangues vous-même ?

SCÈNE VII.

L'AUTEUR.

Je sais bien que la plupart des académiciens, là-haut, ne se donnent pas cette peine-là, et que, pourvu qu'ils la sachent lire, on les reçoit tout d'une voix; mais ce n'est pas de même ici; et il ne suffit pas de savoir faire l'anatomie d'un mot, pour être l'interprète des mystères de notre diabolique académie.

ARLEQUIN.

Apparemment que vous en étiez là-haut?

L'AUTEUR.

Que j'en étois là-haut! que j'en étois! Est-ce qu'on me recevroit ici, si j'en avois été? Ce n'est pas que je n'aie eu cent fois plus de mérite qu'il ne faut pour en être. J'ai été le plus bel esprit de mon temps, et j'ai fait en ma vie plus de cent comédies.

ARLEQUIN.

Plus de cent comédies!

L'AUTEUR.

Oui, cent; peut-être cent cinquante, si vous me fâchez. Il n'y eut jamais un meilleur naturel que le mien; je rendois une comédie aussi facilement qu'un autre rend un lavement. C'est moi qui ai enrichi les comédiens françois; et il n'y avoit point d'hiver que je ne leur donnasse sept ou huit pièces, tant sérieuses que comiques.

ARLEQUIN.

Et les jouoit-on long-temps?

L'AUTEUR.

Jamais qu'une fois; mais aussi tout Paris venoit se crever à la première représentation; car personne ne vouloit attendre la seconde, de peur de ne la point voir.

ARLEQUIN.

J'aurois cru que c'eût été là le moyen d'envoyer les comédiens à l'hôpital.

L'AUTEUR.

C'est ce qui vous trompe. Une comédie nouvelle, pour être bonne, ne doit se jouer qu'une fois; quand elle va jusqu'à deux, ma foi, on s'ennuie. J'ai mis le siècle dans ce goût-là; et, si vous y prenez garde, depuis moi, tous les auteurs donnent là-dedans. Ils ont raison, au bout du compte; car, comme les bonnes choses aujourd'hui n'ont point de cours, pour peu qu'une méchante pièce puisse être représentée une fois, voilà les comédiens riches.

ARLEQUIN.

Les vôtres étoient donc sur ce pied-là?

L'AUTEUR.

Vous pouvez croire que je me suis mis à la mode tout des premiers. De plus, je n'ai jamais voulu ôter au public l'usage récréatif des sifflets. Tout au contraire, je marquai, dans mes rôles, les endroits où l'on devoit siffler, afin que l'acteur se reposât et qu'il reprît haleine. C'est le jugement qui conduit tout cela.

ARLEQUIN.

Et moi je voudrois que les sifflets fussent au diable. Quand cette quinte-là prend au parterre, il démonteroit Titus et Bérénice.

L'AUTEUR.

De mon vivant, je m'étois abonné avec un marchand de sifflets, qui étoit, dans son métier, le premier homme du monde.

ARLEQUIN.

Les comédiens vous ont bien de l'obligation.

L'AUTEUR.

Il en faisoit pour la prose, pour les vers, pour les François, pour les Italiens; mais, ma foi, où il triomphoit, c'étoit pour l'Opéra. Pour le mettre en crédit, j'avois fait un opéra, moi, qu'on alloit jouer quand je mourus. Ce devoit être la plus belle chose qu'on eût jamais vue sur le théâtre. Je ne l'avois pas pris de la métamorphose comme ces chardons du Parnasse; fi! cela sent le collége : je l'avois tiré tout entier de l'histoire de France ; il portoit pour titre : *les Aventures du Pont-Neuf.* La fable n'a rien de si magnifique.

ARLEQUIN.

Les Aventures du Pont-Neuf! un sujet tiré de l'histoire de France! (à part.) Voilà un auteur échappé des Petites-Maisons des enfers.

L'AUTEUR.

Comment donc! est-ce que je dis des impertinences? Paris n'est-il pas la plus belle ville de France? Le Pont-Neuf n'est-il pas le plus bel endroit de Paris? *Ergo*, les aventures du Pont-Neuf sont les plus beaux traits de l'histoire de France. C'est une figure, ignorant, que nous appelons en latin, *pars pro toto*; et en grec, *synecdoche*....

ARLEQUIN.

Et en françois, la folie.

L'AUTEUR.

Mais vous me faites perdre bien du temps. Que voulez-vous de moi?

ARLEQUIN.

Je veux apprendre le chemin des enfers, et je vais y chercher ma femme.

L'AUTEUR.

Vous allez chercher votre femme? Ah, ah!
(Il se touche le front du bout du doigt.)

ARLEQUIN.

Comment donc! est-ce que je suis barbouillé?

SCÈNE VII.

L'AUTEUR.

Chercher sa femme ! il vous faut cinq ou six grains d'ellébore.

ARLEQUIN.

Le diable m'emporte si je ne vais la chercher. Je ne me moque point.

L'AUTEUR.

Ah ! pour la rareté du fait, je veux vous y mener. Suivez-moi : je veux entendre ce compliment-là.

ARLEQUIN.

Avant que d'aller plus avant, je voudrois bien savoir une chose de vous ; car on dit que l'on est si savant quand on est mort ! Ma femme a toujours été diablement coquette : dites-moi, je vous prie, si je ne suis point.... là.... là.... vous m'entendez bien ?

L'AUTEUR.

Oui-dà, cela est bien aisé. Voyons : là, levez le nez, l'œil fixe, le corps ferme, la tête droite ; montrez la langue.

ARLEQUIN.

Ah ! je tremble.

L'AUTEUR.

Montrez-moi votre main. Ah, ah ! tirez la langue. Eh, eh ! (Il lui tâte le pouls.) Oh, oh ! (Il lui touche le front.) Hu, hu !

ARLEQUIN.

Ah ! la carogne !

L'AUTEUR.

Que cela ne vous fasse point de peine : c'est un mal de famille. Votre père l'étoit, votre grand-père l'étoit, votre bisaïeul l'étoit.

ARLEQUIN.

Je vous remercie : quand on fera des chevaliers de cet ordre, je vous prierai de faire mes preuves.

SCÈNE VIII.

PLUTON, PROSERPINE, assis sur un trône de flamme, au milieu de leur cour.

PLUTON.

C'est une chose étonnante, phlégétontique assemblée, que de voir l'affluence d'âmes qui tombent journellement par vos soins dans mon royaume : il faut désormais refuser l'entrée aux survenants, ou faire bâtir des appartements nouveaux; et, pour cela, je crois, qu'il sera bon de lever un droit sur le bois et le charbon qui se brûlent ici-bas : voilà le sujet pour lequel je vous assemble.

PROSERPINE.

Ah! fi, m'amour! ne parlons point d'impôt : c'est quelque nouveau venu de maltôtier qui vous a soufflé cet avis-là.

SCÈNE VIII.

PLUTON.

J'ai vu autrefois le temps si misérable, qu'il ne venoit pas ici le moindre petit griffonneur de sergent, qu'il ne fallût députer un diable tout exprès pour aller le querir; et présentement, nous ne sommes employés qu'à les chasser : il faut que les greffiers attendent des années entières à la porte, parce qu'ils ne veulent pas passer devant les conseillers, qui pleuvent ici de toutes parts.

PROSERPINE.

Il ne faut plus recevoir de gens de robe; l'enfer est déjà assez lugubre; et surtout, point de greffiers, car ces gens-là mettent l'enfer en mauvais prédicament.

PLUTON.

Oui; mais vous ne savez pas que, moi qui suis Pluton, je n'ai pas plus de droit en enfer que ces messieurs-là. Bienheureux si, quelque jour, ils ne m'en chassent pas. Je suis si soûl des gens de chicane, que dernièrement je fis une querelle d'Allemand à un diable de qualité, qui revenoit de Paris, et je lui fis fermer la porte, parce qu'il avoit hanté mauvaise compagnie là-haut, et qu'il sortoit du corps d'un procureur.

PROSERPINE.

Vous avez eu raison; ce seroit le moyen de gâter bientôt tout ici.

PLUTON.

Je veux que vous soyez témoin de ce que je dis, et que Caron apporte devant vous le livre journal des âmes qu'il a passées aujourd'hui.

SCÈNE IX.

PLUTON, PROSERPINE, CARON, Suite de Pluton.

Deux Diables apportent un gros livre sur leur dos; Caron le feuillette et lit.

CARON, lisant.

Du 17, passé deux mille sept cent treize médecins avec leurs mules.

PLUTON.

Ces messieurs-là font mieux nos affaires là-haut : il les faut renvoyer. Je ne veux plus qu'on en reçoive aucun à l'avenir qu'il n'ait une attestation de service et un certificat des fossoyeurs, comme il a bien et fidèlement exercé sa charge de médecin, et tué pour le moins dix mille personnes à sa part.

CARON, toujours lisant.

Dudit jour, cinquante-sept mille deux cent dix-sept, tant fermiers, sous-fermiers, que commis et rats-de-cave.

PLUTON.

Il est vrai qu'il en est tombé ce matin une bruine ; on ne se voyoit pas en enfer.

SCÈNE IX.

CARON.

Pour les fermiers, tout franc, il n'y a plus moyen de les passer; ils sont si gros et si gras, que ma barque enfonce.

PLUTON.

Comment voulez-vous faire? Nous ne pouvons pas les refuser, c'est ici leur apanage.

CARON.

Plus, quinze mille sept cents, tant clercs que procureurs.

PLUTON.

Pour ceux-là, il faut en faire provision; c'est le bois d'andelle de l'enfer; et je ne veux pas que l'on brûle autre chose dans mon cabinet.

CARON, lisant.

Item. Passé, en corps et en âme, deux carabins de symphonie, soi-disant musiciens de l'Opéra, qui viennent redemander leurs femmes.

PLUTON.

Ils sont donc fous? Qu'on les fasse venir au plus vite, je veux les voir; voilà du fruit nouveau.

SCÈNE X.

PLUTON, PROSERPINE, ORPHÉE, ISA-BELLE, femme d'Orphée, ARLEQUIN, COLOMBINE.

PLUTON, à Orphée, montrant Isabelle.

Est-ce là votre femme ? elle valoit bien la peine de faire le voyage.

(Orphée fait un compliment à Pluton, en italien ; ensuite il chante un air pour redemander sa femme.)

ARLEQUIN.

S'il ne tient qu'à une chanson, pour avoir sa femme, je vais en dire une nouvelle.

(Il chante sur l'air : *Dupont, mon ami.*)

Pluton, mon ami,
J'ai fait ce voyage,
Pour tirer d'ici
Celle qui m'engage :
Si tu ne veux me la donner,
Il faudra bien s'en consoler.

ISABELLE.

S'il est étonnant de voir un mari chercher sa femme jusqu'aux enfers, il ne l'est pas moins de voir une femme souhaiter avec empressement de retourner avec son mari, quand une fois elle en a été séparée.

SCÈNE X.

PLUTON.

Voilà un petit début qui n'est point sot.

ARLEQUIN.

Ni la débuteuse non plus.

ISABELLE.

Pour moi, je ne suis point de celles qui regardent la séparation d'avec un mari comme la porte de leur félicité; et j'avoue franchement que je suis d'assez mauvais goût pour trouver qu'il n'y a point de bonheur égal à celui de vivre avec un époux que l'on aime et dont on est tendrement aimé.

ARLEQUIN.

Eh! fi donc; faites-la taire : elle prêche là une nouvelle doctrine.

ISABELLE.

Je sais que je ne suis pas du goût d'aujourd'hui, et que pour être présentement femme de bel air, il ne faut prendre un mari que comme un surtout de bienséance, et un paravent de réputation; mais j'aime mieux n'être pas tout-à-fait à la mode, et être un peu plus dans la route de mon devoir; c'est ce qui fait que je viens me jeter à vos pieds, pour vous prier, par tout ce que vous avez de plus cher, au nom de l'amour que vous vous êtes porté l'un et l'autre, de m'accorder la grâce que je vous demande, de me rendre à un mari que je chéris plus que toute chose au monde; et je ferai des vœux pour la santé et prospérité de vos majestés diaboliques.

ARLEQUIN.

Malepeste! voilà du plus beau récitatif.

COLOMBINE, *déclamant.*

Les femmes d'aujourd'hui sont si malheureuses, et l'empire des maris si absolu, que je ne m'étonne plus qu'il y ait tant de filles à marier, et qui regardent le mariage comme l'écueil de leurs plaisirs et le tombeau de leur liberté. En effet, n'est-ce pas une chose qui crie vengeance, de voir l'inhumanité avec laquelle les pauvres femmes, ces moutons d'amour, sont traitées par ces loups dévorants. (*Elle crie.*) Ne diroit-on pas....

ARLEQUIN.

Oh! je vois bien que nous sommes ici sur le patrimoine des avocats. Comme elle a appris à crier!

COLOMBINE.

Ne diroit-on pas, dis-je, que le mariage, qui devroit être l'union, le nœud et la soudure des volontés, soit présentement un champ de bataille, où le mari s'exerce à chagriner sa femme, et où la femme est toujours la malheureuse exposée aux insultes, et bien souvent aux coups de celui qui devroit être le rempart de sa foiblesse? Pour moi, je vous déclare que, si heureusement mon mari étoit mort le premier, j'aurois pleuré, crié; je me serois

SCÈNE X.

couverte, jusqu'au bout des ongles, d'un deuil où le cœur n'auroit pas eu grande part; mais loin de le venir trouver aux enfers, je me serois bien donné de garde de le chercher.

ARLEQUIN.

Oh! ma petite femme, je n'ai jamais douté de votre affection.

COLOMBINE.

Ainsi, puisqu'il vient me chercher de si loin, c'est une marque qu'il ne sauroit se passer de moi; mais il ne m'aura que par le bon bout : je prétends avoir des conditions si avantageuses, qu'on ne puisse pas me reprocher d'avoir gâté le métier.... Comme c'est une chose qui crie vengeance, de voir le peu de dépenses que les femmes font aujourd'hui, je veux avoir plus d'argent que par le passé, et que chacun ait, sa semaine, la clef du coffre-fort.

ARLEQUIN.

Si vous l'aviez une semaine, je courrois grand risque la suivante de ne pas entrer en exercice.

COLOMBINE.

Item. Oh! voilà un grand *item* celui-ci : point de jolies femmes de chambre; c'est-à-dire, que je les choisirai moi-même, les plus laides que faire se pourra, et qui auront au moins quarante-cinq ans.

ARLEQUIN.

Fi! on n'est jamais bien servi par ces vieilles-là. Il faut donc que vous retranchiez aussi les grands laquais.

PLUTON.

Tudieu! cet oiseau-ci sait bien sa leçon. Voilà une pèlerine qui a diablement d'esprit.

ARLEQUIN.

Elle a encore six fois plus de tête. Là, là, voyons : j'ai aussi à proposer mes conditions, moi ; et voilà des articles que nous ferons signer par des notaires de ce pays-ci; car je crois qu'il n'y en manque pas.

COLOMBINE.

Oui, tu le prends comme cela? et moi, je ne veux pas sortir. Une jolie femme comme moi, en tout pays, ne manque point de mari.

ARLEQUIN.

Oh! je sais bien qu'il y a partout assez de gens qui se mêlent de ces emplois-là. *Primò*. Puisque je ne profite pas de votre mort, je prétends que vous me rendiez les frais du deuil et de l'enterrement que j'ai payés au crieur.

PLUTON.

Cela est juste; mais il n'en coûte pas grand'chose pour faire enterrer une petite femme.

SCÈNE X.

ARLEQUIN.

Ah! ces diables de corbeaux-là ne les mesurent pas à la toise, et ils rançonnent si exorbitamment un pauvre mari, que souvent il aimeroit presque autant que sa femme ne mourût pas.

PLUTON.

Ils gagnent assez d'ailleurs.

ARLEQUIN.

Je prétends à l'avenir que vous baissiez votre rayon d'un grand demi-pied au moins.

COLOMBINE.

D'un demi-pied! je me ferois plutôt couper la tête. Non, non, je demeurerai ici.

ARLEQUIN.

Il vous en restera encore plus d'un grand pied; et un grand pied de rayon doit suffire à la femme d'un musicien.

PROSERPINE.

Oh, oh! je le crois bien; je m'en contenterois bien, moi qui suis Proserpine.

ARLEQUIN.

Je veux que vous soyez beaucoup plus sage que par le passé, et que vous promettiez de m'aimer désormais que moi.

COLOMBINE.

Oh! pour cet article-là, néant. Je ne veux point

engager ma conscience. Dans le temps où nous sommes, il n'y a point de femmes qui puissent promettre cela.

ARLEQUIN.

Je veux que les enfants que j'aurai dans la suite (car il faut recommencer sur nouveaux frais) soient élevés à ma fantaisie, et j'en disposerai comme de chose à moi appartenante.

COLOMBINE.

Cela s'en va sans dire.

PLUTON.

Hé ! de quoi vous embarrassez-vous ? puisqu'elle est votre femme, tous les enfants qu'elle aura ne seront-ils pas les vôtres ?

ARLEQUIN.

Nego consequentiam. Vous ne savez pas tout le manége de là-haut, monsieur Pluton : il y a tant de pères qui n'ont jamais eu d'enfants !

PLUTON.

Après avoir entendu les raisons des uns et des autres, pour vous défrayer des frais de votre voyage, moi Pluton, prince des ténèbres, souverain du Styx et du Phlégéton, gouverneur des pays-bas, président du sabbat, et correcteur né des arts, métiers et professions, je vous permets non-seulement d'emmener chacun votre femme, mais toutes celles qui sont en enfer, sans même en excepter Proserpine.

ARLEQUIN

Pour moi, je n'en ai que trop de celle-ci ; mais il y a bien des gens qui ne demanderont pas mieux que de troquer avec vous.

FIN DE LA DESCENTE D'ARLEQUIN AUX ENFERS.

L'HOMME
A BONNES FORTUNES,
COMÉDIE EN TROIS ACTES.

AVERTISSEMENT

DE L'ÉDITEUR,

SUR L'HOMME A BONNES FORTUNES.

Cette pièce a été jouée, pour la première fois, le 10 janvier 1690.

On a dit qu'elle avoit été faite pour être opposée à celle que Baron donnoit dans le même temps au Théâtre François; mais cela n'est point vraisemblable : il s'en faut bien que les deux pièces soient du même temps; il y avoit quatre ans qu'on ne jouoit plus celle de Baron quand Regnard a donné la sienne. (1)

D'ailleurs L'Homme a bonnes fortunes de Regnard n'est ni une parodie, ni une copie de

---

(1) L'Homme a bonnes fortunes, comédie en cinq actes et en prose, de Baron, a eu de suite vingt-trois représentations, dont la dernière fut donnée le vendredi 5 avril 1686, veille de la clôture du théâtre. (*Voyez* l'Histoire du Théâtre François, tome XIII, page 6.)

celui de Baron. Moncade, dans Baron, est un homme aimable et poli, habile dans l'art de séduire les femmes, et fait pour leur inspirer de l'intérêt. Arlequin, dans Regnard, est un laquais déguisé tantôt en vicomte, tantôt en prince étranger, qui ne sait que voler et escroquer, et qui se conduit auprès des femmes précisément comme il faut pour ne pas réussir : quand il leur parle, il leur dit des injures ; quand il leur écrit, c'est dans le style des corps-de-garde ; quand il les instruit, c'est à la manière d'Arnolphe dans l'*École des Femmes*. Assurément on a peu de bonnes fortunes par de pareils moyens.

Cependant la pièce de Regnard n'est pas sans mérite, mais ce n'est pas dans la partie qui répond au titre : il y a une intrigue dans laquelle l'Homme à bonnes fortunes n'est pour rien ; et cette intrigue est une des mieux suivies du théâtre italien.

Brocantin est veuf, et a deux filles qui ont la plus grande envie d'être mariées. L'aînée veut en détourner la cadette : c'est la première scène de l'intrigue ; elle paroît avoir quelque rapport avec celle d'Armande et Henriette dans *les Femmes savantes*. Cette scène est très-bien dialoguée, ainsi que la suivante, où Pierrot survient ; mais elles sont toutes deux très-libres. C'est un reproche à faire trop souvent au Théâtre Italien.

Le père vient ensuite annoncer à Isabelle, l'aînée de ses filles, qu'il a dessein de la marier à un médecin. Isabelle, éprise d'Octave, refuse le docteur; propose Colombine sa sœur cadette, à qui elle aime mieux céder ses droits d'aînesse. Colombine, de son côté, refuse parce qu'elle est la cadette; d'ailleurs elle se croit aimée du Vicomte, et elle lui a écrit de la venir voir.

Ce Vicomte est l'Homme à bonnes fortunes, qui arrive en se querellant avec un fiacre, qu'il ne veut pas payer. On reconnoît là le marquis de Mascarille des *Précieuses*, qui refuse de payer ses porteurs. La scène ne finit pas précisément de même : Mascarille paye enfin; mais Arlequin fait payer par sa maîtresse. Après avoir conversé avec Colombine, qu'il traite fort cavalièrement, il la fait chanter. Bientôt on vient lui dire que des sergents l'attendent à la porte pour le mettre en prison. Cette circonstance fait qu'il avoue à Colombine que, pour avoir de l'argent, il a fait un faux billet, et que celui dont il a pris le nom ne voulant pas payer, on le poursuit. Colombine lui donne tout ce qu'elle a de diamants et de bijoux, et il les emporte avec un dédain assez grossier. Voilà un échantillon des bonnes fortunes du Vicomte.

Isabelle, pour rebuter le Médecin, se déguise en militaire qui paroît attendre Isabelle elle-même dans son appartement. Le Médecin parle au militaire de ses prétentions : celui-ci lui rit au nez, le plaisante, lui dépeint Isabelle comme une fille dont il connoît toute la personne, et sur laquelle la malignité publique s'exerce continuellement. Il avoue qu'il passe toutes les nuits dans sa chambre, et qu'elle ne sauroit se coucher sans lui.

Cette scène, qui paroît neuve, est très-plaisante, et les spectateurs ne peuvent s'en offenser, parce qu'ils sont prévenus du déguisement.

Mais ce n'est pas assez d'avoir dégoûté le Médecin, on veut encore faire revenir le père d'Isabelle. Arlequin, ci-devant Vicomte, paroît en *prince Tonquin des Curieux*, qui veut épouser Colombine ; et quand il sait que le Médecin veut épouser Isabelle, il lui arrache quelques poils de sa moustache, pour faire voir qu'il a une barbe postiche, et prédit qu'il sera pendu dans vingt-quatre heures. C'en est assez pour que Brocantin le congédie, et aussitôt le prince propose Octave, comme un grand seigneur de sa cour; et lui-même, gardant toujours son rôle de prince, épouse Colombine.

Cette supercherie, qui a son modèle dans *le Bourgeois gentilhomme*, avoit déjà été présentée au Théâtre Italien dans la comédie intitulée *Arlequin empereur dans la lune*, et dans *Mezzetin grand sophi de Perse*; et il faut avouer qu'elle y convenoit mieux.

La suite du *Prince des Curieux*, composée de perroquets, de singes, etc. a dû faire beaucoup de spectacle; et le déguisement d'un homme en perroquet, tout monstrueux qu'il est, a dû plaire sur un théâtre où le ridicule et l'extravagance attiroient une foule immense de spectateurs.

Quoique la comédie de L'HOMME A BONNES FORTUNES ait eu le plus grand succès, il ne paroît pas cependant qu'elle ait été reprise par la nouvelle troupe.

Cette comédie est une vraie caricature italienne, où toutes les règles de la vraisemblance, et souvent même de la décence, sont sacrifiées à une gaîté folle et à des portraits excessivement chargés.

Le vicomte de Bergamotte est un intrigant de

la plus basse classe, qui joue ridiculement d'homme de qualité.

Colombine, sa maîtresse, est une jeune innocente abandonnée à elle-même, et que sa mauvaise éducation rend disposée, dans l'âge le plus tendre, à donner dans les plus grands travers.

Sa sœur Isabelle est un ambigu plaisant de coquette et de précieuse.

Brocantin leur père, dont le nom indique la profession, est un homme grossier et épais; un lourd bourgeois qui ne connoît que son commerce, et qui donne facilement dans les piéges qu'on lui tend.

Je ne parlerai pas du docteur Bassinet et des autres personnages de la pièce qui y jouent des rôles moins importants, mais qui tous sont assortis aux caractères principaux.

Tels sont les portraits que Regnard a mis sur la scène. Il ne faut chercher ni raison ni vérité; mais une foule de traits plaisants et des scènes d'un excellent comique, quoique chargé.

On trouve dans un recueil intitulé *Supplément au Théâtre Italien*, ou Recueil des Scènes fran-

AVERTISSEMENT.

çoises qui ont été représentées sur le théâtre de l'Hôtel de Bourgogne, qui n'ont pas été imprimées, imprimé à Bruxelles en 1697, deux scènes que l'éditeur attribue à L'HOMME A BONNES FORTUNES. Comme elles sont étrangères à l'intrigue de la pièce, et que Gherardi ne les a pas insérées dans son recueil, nous nous contenterons d'en donner ici l'extrait.

Dans l'une de ces scènes, Pasquariel demande à Arlequin comment il est parvenu à se guérir de la fièvre.

ARLEQUIN.

Vous saurez que cette chienne de fièvre venoit me trouver tous les jours, sans manquer, à trois heures; quand je vis cela, je délogeai de la maison. Bon! elle vint me trouver dans mon nouveau gîte, le lendemain juste à trois heures. Je m'imaginai que quelqu'un lui avoit dit que j'étois délogé, et lui avoit enseigné où je demeurois. Je m'avisai d'aller à Vaugirard, sans en rien dire à personne: quand je fus là, à deux heures et demie, je me cachai dans une cave; à trois heures, voilà cette diable de fièvre qui me vient trouver. J'enrageois. Pourtant le lendemain, sur les deux heures, il me prit fantaisie de passer l'eau, et d'aller à Chaillot; je dis : La fièvre n'aura point d'argent, il faudra qu'elle fasse le grand tour pour passer le pont, et elle ne pourra jamais arriver à temps. A trois heures précises, voilà cette peste de fièvre qui me prend. Moi, ne sachant plus que faire, je dis : Il faut que je me fasse mettre en prison ; la fièvre aura peur, et ne voudra pas y venir. Je m'en allai à Paris dans le marché ; je fouillai dans la poche d'un homme bien mis, et je lui pris sa bourse. Aussitôt il crie au voleur : il vient cinq ou six archers, qui m'arrêtent et me demandent où j'ai pris cette bourse : je leur dis que je l'avois trouvée dans la poche d'un homme ; et tout de suite ils me mènent en prison. J'étois bien aise d'être prisonnier ; il n'étoit que midi ; je me dis : Bon, la fièvre ne viendra pas ici : mais à trois heures, cette enragée vient me visiter, et s'empare de moi sans craindre la prison. Il vint alors un drille, qui me dit : Allons, bon vivant, suivez-moi. Il avoit un gros paquet de clefs : je crus qu'il vouloit enfermer la fièvre dans un endroit, et me laisser dans un autre ; mais il me conduisit dans une chambre où étoient des gens vêtus de noir, portant des bonnets carrés, qui me firent mettre sur une petite sellette de bois pour examiner ma maladie. Après qu'ils eurent bien consulté, il y en eut un qui se leva, et qui me dit : Qu'avez-vous, mon ami, à trembler ? Je lui répondis : Monsieur, c'est que j'ai la fièvre. Oh ! bien, dit-il, il faut vous en guérir. Il donna un morceau de papier, sur lequel étoit écrite l'ordonnance du remède, puis il me mit entre les mains de celui qui fait prendre tous les remèdes qu'il ordonne. C'est un homme gros et gras, qui a une belle moustache, le visage un peu gravé ; beaucoup de gens dans Paris ont eu affaire à lui, et ne s'en vantent pas. Hé bien ! mon ami, me dit-il, où la fièvre te prend-elle ? Partout, dans le dos, lui dis-je. Il me mena avec lui, m'attacha derrière une charrette ; et depuis deux heures jusqu'à trois heures et demie, il me fit promener en me fouettant le dos d'une belle manière. Quand madame la fièvre se sentit houspiller ainsi, elle s'en alla; et voilà comment j'ai été guéri. Vous pourrez vous servir de ce remède quand vous voudrez; il est fort bon.

PASQUARIEL.

Va-t'en au diable, toi et ton remède; que la peste te crève! le remède est pire que le mal.

La seconde scène est intitulée *Scène du Scorpion*, entre un vieillard, Arlequin et Mezzetin. Mezzetin jette de grands cris, et appelle du secours pour son frère qui vient d'être mordu d'un scorpion. Il aborde le vieillard, que ses cris ont alarmé, et lui dit : Monsieur, attendez; qu'est-ce que je vois là? c'est un scorpion.

LE VIEILLARD.

Et où?

MEZZETIN.

Le voilà sur votre chapeau.

LE VIEILLARD.

Ote-le, je te prie, et prends garde à moi.

(Arlequin emporte le chapeau.)

MEZZETIN.

Hélas! Monsieur, il n'est plus là; le voilà qui entre dans le collet de votre pourpoint.

LE VIEILLARD.

Ote-le vite ; dépêche-toi.

(Mezzetin lui ôte son pourpoint, et le donne à Arlequin qui l'emporte.)

MEZZETIN.

Ah ! Monsieur, le voilà qui entre dans la ceinture de votre-culotte.

LE VIEILLARD.

Défais-la vite.

MEZZETIN.

Y a-t-il de l'argent ?

LE VIEILLARD.

Il y a cinquante louis d'or.

MEZZETIN.

La malepeste ! comme les scorpions aiment l'argent ! (Arlequin prend la bourse que lui donne Mezzetin, et s'en va. Mezzetin fait tourner le dos au vieillard.) Prenez garde, Monsieur, le voilà sur votre dos : ne remuez pas ; je m'en vais le prendre. Tenez-vous bien.

(Pendant que le vieillard demeure immobile, le dos tourné, Mezzetin s'en va.)

LE VIEILLARD.

Hé bien, mon ami, l'as-tu ? parle. Hélas ! est-il attrapé ?

(Le vieillard se retourne, et ne voyant plus personne, il crie au voleur.)

Le style de ces scènes ne nous permet pas de les attribuer à Regnard ; et si elles appartiennent à la comédie de L'HOMME A BONNES FORTUNES, nous croyons qu'elles y ont été ajoutées après coup, suivant l'usage des acteurs italiens : on sait qu'ils avoient coutume de changer leurs rôles, et d'y ajouter des lazzis et des plaisanteries.

PERSONNAGES.

LE VICOMTE DE BERGAMOTTE, *Arlequin*.
MEZZETIN, valet du Vicomte.
BROCANTIN.
ISABELLE,
COLOMBINE, petite fille,} filles de Brocantin.
PIERROT, valet de Brocantin.
M. BASSINET, médecin, *le Docteur*.
OCTAVE, amant d'Isabelle.
Une Veuve de procureur, *Pierrot*.
PASQUARIEL.
Un fiacre.
Laquais.
Suivants du Prince des Curieux.

l'homme a bonnes fortunes Acte II. Scene IV.

LE FIACRE
Jernibleu, je ne crains rien, je veux être payé tout a l'heure!

L'HOMME
A BONNES FORTUNES,
COMÉDIE.

ACTE PREMIER.
SCÈNES FRANÇOISES.

Le théâtre représente une chambre avec un lit.

SCÈNE PREMIÈRE.

LE VICOMTE, MEZZETIN, dans le même lit, l'un au chevet, et l'autre au pied.

LE VICOMTE.

Hola, quelqu'un de mes gens ! Champagne, Picard, la Violette, Tortillon, Basque ! mes pantoufles, ma robe de chambre, mon carrosse, à dîner ; un bouillon. (Il sort du lit avec une robe d'aveugle des Quinze-Vingts.) Ne suis-je pas bien malheureux qu'un homme de ma qualité soit obligé d'éveiller ses gens lui-même ?

Où sont donc ces marauds-là ? Ouais ! (à Mezzetin :) Et toi, ne te lèveras-tu point ? (Il donne un coup de pied à Mezzetin, qui est encore couché. Mezzetin, s'éveillant en sursaut, bâille et se lève.) Si je prends un bâton, maraud, je te ferai bien lever. (à part.) C'est un trésor en hiver qu'un laquais au pied d'un lit, son ventre sert de bassinoire.

MEZZETIN.

Vous faites l'entendu, parce que les bonnes fortunes vous suivent partout ; mais souvenez-vous que nous sommes deux laquais, et qu'il n'y a point d'autre différence entre nous que celle que j'y veux bien mettre : ainsi, un peu plus de douceur, s'il vous plaît, et un peu moins d'emportement avec votre camarade.

LE VICOMTE.

Ce n'est point pour te quereller, Mezzetin, que je t'éveille de si bon matin ; c'est seulement pour te dire que toutes ces bonnes fortunes me donnent fort à penser. A l'égard de celles qui me viennent par les présents que l'on m'envoie de toutes parts, passe ; mais pour celles que nous faisons en volant des montres, en enfonçant des boutiques, et en coupant des bourses ; ma foi, j'ai peur que toutes ces bonnes fortunes-là ne nous fassent faire notre mauvaise fortune à la Grève.

ACTE I, SCÈNE I.

MEZZETIN.

Hé! nous travaillons pour cela.

LE VICOMTE.

Voilà une méchante besogne.

MEZZETIN.

Tenez, voilà-t-il pas encore la robe que vous volâtes à cet aveugle des Quinze-Vingts qui vous sert de robe-de-chambre?

LE VICOMTE.

Il y a long-temps qu'elle étoit neuve. J'ai déjà dit à trois ou quatre femmes que j'avois besoin d'un surtout de toilette : il y a bien du relâchement dans la galanterie; et les femmes commencent à se décrier furieusement dans mon esprit. Oh! nous ne vivrons pas long-temps bien ensemble.

MEZZETIN.

A propos de robe de chambre, tandis que vous dormiez, madame la marquise de Noirchignon vous en a envoyé une.

LE VICOMTE.

Voyons-la. (Mezzetin va prendre une robe sur la toilette, et la déploie. Le Vicomte la regarde et dit :) Passe. La pauvre créature fait tout ce qu'elle peut pour m'égratigner le cœur.

MEZZETIN.

Il est aussi venu un laquais de la part de madame la comtesse de Charbonglacé, qui a laissé un paquet dans une toilette.

(Il tire une toilette où est encore une robe de chambre.)

LE VICOMTE.

Diable! celle-ci est bien mieux étoffée que l'autre. La Comtesse pourroit bien me faire faire la sottise de l'aimer. Mais il ne fait pas si cher vivre à Paris; tout s'y donne.

(On frappe rudement à la porte.)

MEZZETIN, allant ouvrir.

Monsieur, c'est le laquais de la Veuve de ce procureur.

LE VICOMTE.

Laisse-le entrer.

~~~~~~~~~~~~~~~~~~~~~~~~~~~~~~

SCÈNE II.

LE VICOMTE, MEZZETIN, UN LAQUAIS.

LE VICOMTE.

Que diable me veut-elle?

LE LAQUAIS.

Monsieur, voilà ce que Madame vous envoie : elle dit comme ça que vous aurez l'honneur de la voir bientôt.

LE VICOMTE.

Mon enfant, dis-lui qu'elle ne s'en donne pas la

peine. Je vais prendre un remède pour me débrouiller le teint.

(Le laquais sort.)

SCÈNE III.

LE VICOMTE, MEZZETIN.

LE VICOMTE, *déployant ce que le laquais a apporté.*

Comment! encore une robe de chambre! Il faut avouer que les femmes nous aiment bien en déshabillé.

(On frappe à la porte.)

MEZZETIN.

Monsieur, c'est la Marquise.

LE VICOMTE.

Donne-moi vite la robe de chambre de la Marquise.

(Mezzetin prend la robe de chambre de la Marquise, et le Vicomte la met par-dessus la sienne. On refrappe à la porte.)

MEZZETIN.

Ce n'est pas la Marquise, Monsieur, c'est la Comtesse.

(Il faut remarquer qu'à chaque fois que l'on heurte, Mezzetin va voir à la porte, et revient sur-le-champ.)

LE VICOMTE.

Et vite, la robe de chambre de la Comtesse!

Tout seroit perdu, si elle me trouvoit sans cela.
>(Il met encore cette robe de chambre sur les deux autres. On continue de frapper.)

MEZZETIN.

Oh! Monsieur, c'est la Veuve du procureur.

LE VICOMTE.

Que le diable l'emporte! ne sauroit-elle donner une robe de chambre sans venir l'essayer? Donne.
>(Il met la troisième robe de chambre avec beaucoup de peine, ne pouvant presque pas se remuer à cause des trois autres qu'il a déjà sur lui; à la fin, après plusieurs lazzis, il tombe, et à peine est-il relevé que la Veuve entre.)

SCÈNE IV.

LE VICOMTE, LA VEUVE DU PROCUREUR.

LE VICOMTE, d'un ton de colère.

Hé! morbleu, Madame, ne vous avois-je pas fait dire que je n'étois pas visible aujourd'hui? Et, ventrebleu, ne sauroit-on rendre un lavement sans femme?

LA VEUVE.

Pour vous trouver, Monsieur, il faut vous prendre au saut du lit; le reste du jour vous êtes inabordable.

LE VICOMTE.

Il est vrai que je n'ai pas une heure à moi. Je

suis si courbattu de ces aventures que le vulgaire appelle bonnes fortunes, que mon superflu suffiroit à vingt fainéants de la cour.

LA VEUVE.

Je crois, Monsieur, que c'est aujourd'hui un de vos jours de conquête; vous voilà fleuri comme un petit Cupidon.

LE VICOMTE.

Je n'ai pourtant encore fait la conquête que d'un bouillon postérieur qui me cause des épreintes horribles : il faut que ma femme de chambre ne me l'ait pas donné de droit fil.

LA VEUVE.

J'ai été aussi incommodée toute la nuit de tranchées; je suis aujourd'hui à faire peur.

LE VICOMTE, *après l'avoir regardée.*

En vérité, Madame, cela est vrai : il y a aujourd'hui bien des erreurs à votre teint; mais il est resté là-bas un peu de décoction, ne vous en faites point de nécessité.

LA VEUVE.

Ce n'est pas avec des simples que l'âcreté de mon mal peut se guérir : ma maladie est là.

(*Elle se touche au cœur.*)

LE VICOMTE.

On sait bien qu'une femme grosse a toujours de petits maux de cœur.

LA VEUVE.

Moi, grosse! moi! Ah! quelle ordure! Il y a trois ans que M. Gratefeuille, mon mari, est mort! Grosse! quelle obscénité!

LE VICOMTE.

Ah! Madame, je vous demande pardon; je vous croyois fille. On s'y trompe quelquefois.

LA VEUVE.

Mais, Monsieur, je vous trouve bien gros; qu'avez-vous?

LE VICOMTE.

Je n'ai rien, c'est que je soupai furieusement hier au soir.

LA VEUVE.

Il faut qu'il y ait autre chose : n'êtes-vous point hydropique?

LE VICOMTE.

J'en serois bien fâché.

LA VEUVE.

Voyons....
(Elle lui lève ses robes de chambre l'une après l'autre.)

LE VICOMTE, en se défendant.

Hé! fi, Madame, que faites-vous là? cela n'est point honnête.

LA VEUVE.

Une, deux, trois robes de chambre, c'est-à-dire,

ACTE I, SCÈNE IV.

trois maîtresses. Ah, traître! c'est donc ainsi que tu me joues? Tu dis que tu n'aimes que moi.

LE VICOMTE, faisant semblant de vouloir aller à la garde-robe.

Madame, je n'en puis plus.

LA VEUVE.

Voilà l'effet de tes serments!...

LE VICOMTE.

Madame, je vais tout rendre, si je ne sors.

LA VEUVE.

Scélérat!

LE VICOMTE.

Madame, je ne réponds plus de la discrétion de mon derrière.

LA VEUVE.

N'as-tu point de honte?...

LE VICOMTE.

Il ne tient plus qu'à un petit filet.

LA VEUVE.

Non, je ne veux plus de commerce avec toi; rends-moi ma robe de chambre.

(Elle lui veut arracher sa robe de chambre : ils se battent; le Vicomte la décoiffe; une de ses jupes tombe; et elle s'en va.)

SCÈNE V.

ISABELLE, COLOMBINE, petite fille, parlant d'un air niais.

ISABELLE.

En vérité, vous êtes bien folle de farcir votre tête de vos sottes imaginations d'amour et de mariage. Est-ce là le parti que doit prendre une cadette, et ne devriez-vous pas avoir renoncé au monde?

COLOMBINE.

Mon Dieu, ma sœur, cela est bien aisé à dire; mais vous ne parleriez pas comme vous faites, si vous sentiez ce que je sens.

ISABELLE.

Et que sentez-vous donc, s'il vous plaît? Vraiment, je vous trouve une jolie mignonne, pour sentir quelque chose! Et que sentirai-je donc, moi qui suis votre aînée? Est-ce que l'on m'entend plaindre des envies que cause l'état de fille? Vous êtes encore une plaisante morveuse!

COLOMBINE.

Plaisante morveuse! Mon Dieu! je ne suis pas si morveuse que je le parois, et il y auroit déjà long-temps que je serois femme si mon père avoit voulu; car on m'a dit qu'on pouvoit l'être à douze ans.

ACTE I, SCÈNE V.

ISABELLE.

Mais savez-vous bien ce que c'est qu'un mari, pour parler comme vous faites?

COLOMBINE.

Bon! si je ne le savois pas, est-ce que j'en voudrois avoir un?

ISABELLE.

Hé! qui vous a donc appris de si belles choses?

COLOMBINE.

Cela ne s'apprend-il pas tout seul? Quand je songe que je serai mariée, je suis si aise, si aise! Oh! il faut que ce soit quelque chose de fort joli que le mariage, puisque la pensée seule fait tant de plaisir.

ISABELLE.

Vous vous trompez fort à votre calcul, si vous vous figurez tant de plaisir dans le mariage. Le beau régal qu'un mari qui gronde toujours! Les soins des domestiques, l'incommodité d'une grossesse : non, quand il n'y auroit que la peur d'avoir des enfants, je renoncerois au mariage pour toute ma vie.

COLOMBINE.

La peur d'avoir des enfants! bon! on dit que c'est pour cela qu'il faut se marier.

ISABELLE.

Bon Dieu! quelle petitesse de raisonnement! que votre esprit est à rez-de-chaussée!

COLOMBINE.

Mais vous, ma sœur, qui êtes si raisonnable, est-ce que vous ne voulez pas vous marier?

ISABELLE.

Oh! ce n'est pas de même, moi; je suis votre aînée, et la raison qui veut que vous ne vous mariiez pas, veut que je me marie. Vous n'êtes point propre au mariage; ce n'est point un jeu d'enfant.

COLOMBINE.

Et moi, je vous dis que j'y suis aussi propre que vous. Je supporterai fort bien toutes les fatigues du ménage; et quoique je sois jeune, si j'étois mariée présentement, je suis sûre que je n'en mourrois pas.

ISABELLE.

En vérité, il faut que j'aie bien de la bonté de souffrir tous les travers de votre esprit. Tout ce que je puis faire encore pour vous, c'est de vous conseiller de bannir de votre cerveau toutes vos idées matrimoniales, et de croire qu'il n'y a personne assez dépourvu de bon sens, pour vouloir se charger de votre peau.

ACTE I, SCÈNE V.

COLOMBINE.

Hé! là, là, cette charge-là n'est pas si pesante et ne fait pas peur à tout le monde : il n'y a pas encore huit jours que je trouvai dans une boutique, au Palais, un Monsieur de condition, qui me dit que j'étois bien à son gré, et qu'il seroit bien aise de m'épouser.

ISABELLE.

Et que lui répondîtes-vous?

COLOMBINE.

Je lui dis que j'étois encore bien petite pour cela; mais que l'année qui vient, j'espérois d'être plus grande.

ISABELLE.

Vous serez plus grande et plus folle. Vous ne voyez donc pas qu'il se moquoit de vous, et que vous vous donnez un ridicule dans le monde? Allez, vous devriez mourir de honte.

COLOMBINE, en pleurant.

Ne voilà-t-il pas? vous me grondez toujours. Vous voulez bien vous marier, vous, et vous ne voulez pas que je me marie. Est-ce que je ne suis pas fille comme vous?

ISABELLE.

Une petite fille, qui n'a pas quinze ans, donner à corps perdu au travers du mariage!

COLOMBINE.

Mon Dieu! je vous dis, encore une fois, que j'ai plus d'âge qu'il ne faut; mais puisque vous me trouvez trop jeune, faisons une chose; vous avez quatre années plus que moi, donnez-m'en deux; cela ne gâtera rien ni pour l'une, ni pour l'autre.

ISABELLE.

Allez, allez; vous ne savez ce que vous dites. Vous me croyez bien embarrassée de trois ou quatre années que j'ai plus que vous; mais je veux bien que vous sachiez que pour dix ans de moins je ne voudrois pas être faite comme vous, ni de corps, ni d'esprit.

~~~~~~~~~~~~~~~~~~~~~~~~~~~~~~~~~~

SCÈNE VI.

ISABELLE, COLOMBINE, PIERROT.

PIERROT.

Qu'est-ce donc, Mesdemoiselles? voilà bien du bruit: il me semble que vous vous flattez comme chiens et chats. Est-ce que vous ne sauriez vous égratigner plus doucement?

COLOMBINE.

Pierrot, c'est ma sœur qui se fâche : elle veut qu'il n'y ait de mari que pour elle.

ACTE I, SCÈNE VI.

PIERROT.

Ho! la goulue!

ISABELLE.

Viens çà, Pierrot; toi qui es un homme d'esprit, et qui sais le monde, n'est-il pas du dernier bourgeois de marier plus d'une fille dans une maison, et ne devrois-je pas déjà l'être?

PIERROT.

Cela est vrai, et je dis tous les jours à votre père, que, s'il ne vous marie au plus tôt, vous lui ferez quelque stratagème.

COLOMBINE.

Mon pauvre Pierrot, toi qui es si joli, est-ce qu'il faut que je demeure toute ma vie fille?

PIERROT.

Bon! est-ce que cela se peut? (à Isabelle.) Voyez-vous, Mademoiselle, il faut marier les filles quand elles sont jeunes. Ce gibier-là ne se garde pas: la mouche s'y met.

ISABELLE.

Mais aussi, est-il juste que je cède mes droits à ma cadette?

PIERROT, à Colombine.

Il est vrai que vous n'êtes encore qu'un embrion, et j'en ai vu dans des bouteilles de bien plus grandes que vous.

COLOMBINE.

Je conviens, Pierrot, que je suis encore petite; mais si tu savois ce que j'ai déjà.

ISABELLE.

Petite fille, vous plaît-il de vous taire?

PIERROT.

Hé! pardi, laissez-la dire. (à Colombine.) Eh bien donc! qu'avez-vous?

COLOMBINE.

J'ai... mais je n'oserois le dire.

ISABELLE, à Colombine.

Vous avez raison, car vous allez dire une sottise.

PIERROT, à Isabelle.

Eh! palsangué, laissez-la donc parler : vous lui rembourrez les paroles dans le ventre.

COLOMBINE.

Ne te moqueras-tu point de moi?

PIERROT.

Eh! non, non : dites.

COLOMBINE.

J'ai de la gorge, Pierrot, puisque tu le veux savoir.

PIERROT.

Oh! voyons cela, voyons.

COLOMBINE.

Oh, nenni, nenni; je ne la montre pas encore : j'attends qu'elle soit plus venue.

ISABELLE.

Il n'y a plus moyen de tenir à vos impertinences : je vous laisse ; et si je faisois bien, j'avertirois mon père de mettre ordre à votre conduite.

SCÈNE VII.

COLOMBINE, PIERROT.

PIERROT.

Elle est bien rudanière.

COLOMBINE.

Oh! va, va, je ne m'en soucie pas. Elle veut faire la madame, et me traiter comme une petite fille ; mais nous verrons. Oh! çà, çà, Pierrot, il faut que tu me fasses un plaisir.

PIERROT.

Je ne demande pas mieux. Ne suis-je pas fait pour faire plaisir aux filles ?

COLOMBINE.

Il faut que tu me portes cette lettre à ce monsieur que je trouvai dernièrement au Palais.

PIERROT.

Une lettre !

COLOMBINE.

Oui. Est-ce qu'il y a du mal à cela ? Puisque je sais écrire, pourquoi n'écrirois-je pas ?

PIERROT.

Ah ! vous avez raison.

COLOMBINE.

C'est un homme de grande condition, et on l'appelle monsieur le vicomte.

PIERROT.

Oh ! si c'est un vicomte, je ne dis plus rien.

COLOMBINE.

Tu lui diras que je m'ennuie bien fort de ne pas le voir, et qu'il ne manque pas de me venir trouver aujourd'hui. M'entends-tu ?

SCÈNE VIII.

PIERROT, seul.

Hé ! oui, oui, j'entends bien, je ne suis pas sourd. La petite masque ! c'est une belle chose que la nature ! cela songe au mariage dès la coquille.

(Il y a ici plusieurs scènes italiennes.)

ACTE SECOND.

SCÈNES FRANÇOISES.

SCÈNE PREMIÈRE.

BROCANTIN, ISABELLE, COLOMBINE.

BROCANTIN.

Quel ouvrage faites-vous là, vous?

COLOMBINE.

C'est une pente de mon lit; mais je crains de la faire trop petite; on n'y pourra jamais coucher deux.

BROCANTIN.

Est-il besoin, s'il vous plaît, que vous couchiez avec quelqu'un?

COLOMBINE.

Non; mais si, par bonheur, je venois à être mariée....

BROCANTIN, en colère.

Si, par bonheur, ou par malheur, vous veniez à être mariée, vous vous presseriez. Hé! je sais de vos fredaines; vous n'avez pas toujours une aiguille et de la tapisserie entre les mains, et vous commencez à escrimer de la plume. Mais ce n'est pas pour cela que nous sommes ici. Laissez là votre ouvrage, et m'écoutez. (Ils prennent des siéges.) Le mariage.... (à Colombine.) Oh, oh! vous riez déjà! Tuchou! il ne faut que vous hocher la bride.... Le mariage, dis-je, étant un usage aussi ancien que le monde; car on s'est marié avant vous, et on se mariera encore après....

COLOMBINE.

Je le sais bien, mon papa; il y a long-temps qu'on me dit cela.

BROCANTIN.

J'ai résolu, pour éterniser la famille Brocantine.... Vous voyez où j'en veux venir. J'ai donc résolu de me marier.

ISABELLE et COLOMBINE, ensemble.

Ah! mon père!

BROCANTIN.

Ah! mes filles! vous voilà bien ébaubies. Est-ce que je ne me porte pas encore assez bien? Regardez cet air, cette taille, cette légèreté.

(Il saute, et fait un faux pas.)

ISABELLE.

Vous vous mariez donc, mon père?

BROCANTIN.

Oui, si vous le trouvez bon, ma fille.

COLOMBINE.

A une femme?

BROCANTIN.

Non; c'est à un tuyau d'orgue. Voyez, je vous prie, la belle demande!

ISABELLE.

Vous l'épouserez?

BROCANTIN.

Mais je crois que vous avez toutes deux l'esprit en écharpe. Est-ce que je suis hors d'âge d'avoir lignée? Savez-vous bien que l'on n'a que l'âge que l'on paroît; et monsieur Visautrou, mon apothicaire, me disoit encore ce matin, en me donnant un remède, que je ne paroissois pas quarante-cinq ans.

COLOMBINE.

Oh! mon papa, c'est qu'il ne vous voyoit pas au visage.

BROCANTIN.

J'ai ce que j'ai; mais je sais bien que j'ai besoin d'une femme. Je crève de santé, et j'ai trouvé une fille comme je la souhaite, belle, jeune, sage, riche; enfin, une fille de hasard.

ISABELLE.

Une autre fille que moi, qui ne sauroit pas vivre, vous diroit, mon père, que vous risquez beaucoup en vous mariant; qu'il faut avoir perdu l'esprit pour songer, à votre âge, à un engagement, et que l'on renferme tous les jours des gens aux Petites-Maisons pour de moindres sujets : mais moi, qui sais le respect que je vous dois, sans me prévaloir des raisons que les enfants ont d'appréhender un second mariage, je vous dirai que, puisque vous crevez de santé, vous faites parfaitement bien de prendre une femme.

COLOMBINE.

Pour moi, je vous le conseille ; car je voudrois que tout le monde fût marié.

BROCANTIN.

Oh ! vous prenez la chose du bon biais. Puisque vous êtes si raisonnables, apprenez donc que je suis en pour-parler de mariage ; mais c'est pour vous.

ISABELLE et COLOMBINE, ensemble.

Ah ! mon père !

BROCANTIN.

Ah ! mes filles !

ISABELLE.

Je vous ai des obligations que je n'oublierai jamais.

COLOMBINE, se jetant au cou de Brocantin.

Ah ! mon petit papa, que je vous aime !

BROCANTIN.

Je savois bien que cela te feroit plaisir, et que tu

n'aurois point de chagrin de voir marier ta sœur avant toi.

COLOMBINE.

Quoi! mon père, ce n'est pas moi que vous voulez marier?

ISABELLE.

Non; on feroit bien mieux de vous laisser passer la première, et d'attendre à me marier que vous eussiez trois ou quatre enfants! Pour moi, je ne conçois pas cette petite fille-là.

COLOMBINE.

Si vous ne me mariez, je sais bien ce que je ferai, moi.

BROCANTIN, à Colombine.

Il faut bien qu'elle passe avant toi; elle est ton aînée; et afin de te mettre en état d'être bientôt mariée, elle épousera un honnête homme. (1)

ISABELLE.

Je le connois bien.

---

(1) La méprise d'Angélique (scène V du premier acte du *Malade imaginaire*), qui croit qu'Argan parle de Cléante son amant, lorsqu'il lui propose Thomas Diafoirus, a pu donner l'idée de celle-ci; et la résistance d'Isabelle a quelque rapport avec celle d'Élise, scène VI du premier acte de *l'Avare*.

BROCANTIN.

Bien fait.

ISABELLE.

Je l'ai vu.

BROCANTIN.

Riche.

ISABELLE.

Je le crois.

BROCANTIN.

Monsieur Bassinet, médecin, enfin ; c'est tout dire.

ISABELLE.

Monsieur Bassinet! monsieur Bassinet!

BROCANTIN.

Comment donc! vous trouvez-vous mal? Du vinaigre, vite.

ISABELLE.

J'ai bien du respect pour la médecine; mais, avec votre permission, mon père, je n'épouserai point un médecin.

BROCANTIN.

Avec votre permission, ma fille, vous l'épouserez; il ne faut pas, s'il vous plaît, que vous songiez à Octave. J'ai appris que c'étoit un gueux, et je vais tout de ce pas l'envoyer chercher, pour lui dire qu'un autre lui a passé la plume par le bec. Pierrot, Pierrot!

ACTE II, SCÈNE I.

COLOMBINE.

Allons, ma sœur, faites cela de bonne grâce, puisque mon père le veut.

ISABELLE.

Je vous prie, mon père, de ne me point donner ce chagrin, et ne m'obligez pas à épouser un homme pour qui je n'ai nulle estime.

BROCANTIN.

Il n'y a qu'un mot qui serve; il faut épouser monsieur Bassinet ou un couvent. Il vous viendra voir; songez à le recevoir comme un homme qui doit être votre mari.

ISABELLE.

Hé! mon père!

BROCANTIN.

Allons, dénichons; point tant de caquet.

ISABELLE.

Voilà ma sœur qui a si envie d'être mariée; que ne lui donnez-vous monsieur Bassinet pour mari? j'aime mieux lui céder mes droits, et qu'elle passe avant moi.

COLOMBINE.

Oh! ce n'est pas de même; je suis votre cadette, et la raison qui veut que je ne me marie pas, veut que vous vous mariiez la première.

SCÈNE II.

BROCANTIN, PIERROT.

BROCANTIN.

Pierrot?

PIERROT.

Me voilà, Monsieur.

BROCANTIN.

Où diable es-tu donc toujours? Il faut que je m'égosille quatre heures.

PIERROT.

Monsieur, j'étois avec cette femme qui marchande ces singes, et qui veut donner six écus du gros, parce qu'elle dit qu'il ressemble à son mari.

BROCANTIN.

Laisse cela; j'ai autre chose en tête. Va me chercher Octave; j'ai quelque chose de conséquence à lui dire.

PIERROT, *cherchant par tout le théâtre, sous les bancs.*

Monsieur, je ne le trouve pas.

BROCANTIN.

Animal! est-ce là ce que je te dis? Tiens, vois le logis. Le butor! Je vois bien que nous ne vivrons pas long-temps ensemble : je ne veux point de bête dans ma maison.

PIERROT.

Pardi, Monsieur, il faut donc que vous en sortiez.

(Il y a ici des scènes italiennes.)

SCÈNE III.

COLOMBINE, PIERROT.

COLOMBINE.

Hé bien! mon pauvre Pierrot, as-tu porté ma lettre à M. le Vicomte.

PIERROT.

Assurément, et il m'a donné un petit mot de réplique.

COLOMBINE, lui prenant le billet.

Eh! donne donc vite.

PIERROT.

Malpeste! comme vous êtes âpre à la curée!

COLOMBINE lit:

« L'amour est comme la gale, on ne le sauroit cacher; « c'est ce qui fait que je vous irai voir aujourd'hui, ou « je veux que la peste m'étouffe!

« Le vicomte de BERGAMOTTE. »

PIERROT.

Voilà un homme qui écrit bien tendrement.

COLOMBINE.

Il m'aime bien, car il me l'a dit, et j'espère que nous serons bientôt mariés ensemble. Il n'y a qu'une chose qui m'embarrasse, c'est que je ne sais pas encore tout-à-fait ce que c'est que le mariage : ne pourrois-tu pas me le dire ?

PIERROT.

Assurément; il n'y a rien de si aisé : c'est comme qui diroit une chose.... Oh! vous ne pouviez jamais mieux vous adresser qu'à moi.

COLOMBINE.

Hé bien donc?

PIERROT.

C'est comme, par exemple, une chose où l'on est ensemble.... Votre père.... avoit épousé.... votre mère....; ça faisoit qu'ils étoient deux; et comme ça, votre grand-père...., d'un côté...., la nature.... On ne sauroit bien expliquer ce brouillamini-là. Mais vous n'aurez pas été deux jours ensemble, que vous saurez toutes ces drogues-là sur le bout du doigt. (On frappe à la porte.) Ah! Mademoiselle, c'est M. le Vicomte de Bergamotte.

COLOMBINE.

Fais-le monter, Pierrot; hé! vite.

SCÈNE IV.

COLOMBINE, LE VICOMTE, UN FIACRE.

(Le Vicomte, suivi d'un Fiacre, entre et fait plusieurs révérences à Colombine.)

LE FIACRE, tirant le Vicomte par la manche.

Ça, Monsieur, de l'argent.

LE VICOMTE, au Fiacre.

Va, va, mon ami, tu rêves : un homme de ma qualité ne paye pas plus dans les fiacres que sur les ponts.

LE FIACRE.

Paye-t-on comme cela le monde? Vous ne me donnez pas un sou.

LE VICOMTE.

Tu ne sais ce que tu dis, maraud. Est-ce qu'un homme de ma qualité n'a pas toujours son franc fiacre?

LE FIACRE.

Mardi, Monsieur! je veux être payé, ou par la sambleu! nous verrons beau jeu.

LE VICOMTE.

Insolent! tu te feras battre.

LE FIACRE.

Jernibleu ! je ne crains rien ; je veux être payé tout à l'heure.

(Il enfonce son chapeau, et lève son fouet.)

LE VICOMTE.

Ah, ah ! ventrebleu ! il faut que je coupe les oreilles à ce coquin-là. (Il met la main sur la garde de son épée, comme s'il la vouloit tirer.) Mademoiselle, prêtez-moi un écu ; je n'ai point de monnoie.

COLOMBINE.

Monsieur, je n'ai point ma bourse sur moi ; mais je vais le faire payer. Holà, quelqu'un, qu'on paye cet homme-là. (Au Fiacre.) Allez, allez, l'homme ; on vous contentera.

SCÈNE V.

LE VICOMTE, COLOMBINE.

LE VICOMTE.

Ces marauds-là ne sont jamais contents. J'en ai déjà tué quinze ou seize ; mais je ne serai point satisfait que je n'en aie achevé le quarteron.

COLOMBINE.

En vérité, monsieur le Vicomte, il faut bien vous

aimer, pour vous regarder après une si longue négligence à me venir voir.

LE VICOMTE.

Ma foi, Mademoiselle, les heures d'un joli homme sont bien comptées. Les femmes se pressent aujourd'hui ; elles savent que les quartiers d'hiver seront diablement courts cette année ; je n'ai pas un moment à moi.

COLOMBINE.

Et que faites-vous donc toute la journée ?

LE VICOMTE.

A peine ai-je quitté la toilette, qu'il faut aller dîner chez Rousseau. Un officier ne peut pas être moins de cinq à six heures à table; et avant qu'il ait fumé dix ou douze douzaines de pipes, il est heure de s'y remettre pour souper.

COLOMBINE.

Quoi, Monsieur, vous prenez donc du tabac comme ces vilains soldats? Fi! je ne pourrois jamais m'y accoutumer.

LE VICOMTE.

Vous n'avez qu'à vous mettre cinq ou six mois dragon dans ma compagnie, vous fumerez de reste. Bon! vous moquez-vous? Les gens du grand volume ont-ils d'autres occupations? C'est, morbleu! au feu d'une pipe qu'il faut qu'un homme de qualité allume sa tendresse.

COLOMBINE.

Eh! monsieur le Vicomte, avez-vous fumé aujourd'hui?

LE VICOMTE.

Est-ce que j'y manque jamais? Mais j'ai la précaution, quand je vais en femme, de me rincer la bouche avec trois ou quatre pintes d'eau-de-vie. Vous ne sauriez croire comme, après cela, on soupire tendrement.

(Il fait un rot.)

COLOMBINE.

Ah! fi, fi, monsieur le Vicomte! je n'aime point ces soupirs-là. Les gens que je vois n'assaisonnent pas leurs douceurs de tabac et d'eau-de-vie.

LE VICOMTE.

C'est que vous ne voyez que des courtauds de boutique, ou des gens de robe. Croyez-moi, la belle, il n'est rien tel que de s'accrocher à l'épée. Les fastidieux personnages que vos robins! Ont-ils le sens commun? ils font l'amour par articles, comme s'ils dressoient un procès-verbal.

COLOMBINE.

C'est ce que je dis tous les jours à deux grands baquiers d'avocats, qui sont sans cesse autour de moi à me faire endéver.

ACTE II, SCÈNE V.

LE VICOMTE.

Oh! ma foi, le plumet est en amour ce que la moutarde est à la sauce-robert; il n'y a que cela de piquant.

COLOMBINE.

Je ne sais pas pourquoi mon père a tant d'aversion pour les gens d'épée.

LE VICOMTE.

C'est que votre père est un sot.

COLOMBINE.

Il dit qu'ils sont tous débauchés, et qu'ils n'ont jamais le sou.

LE VICOMTE, en riant.

Débauchés? Ah! ah! débauchés! Ils aiment le vin, le jeu et les femmes; mais, du reste, il n'y a point de gens mieux réglés. Pour de l'argent, je crois que tant que les femmes en auront, nous n'en manquerons guère.

COLOMBINE.

Je crois, monsieur le Vicomte, que fait comme vous êtes, vous voyez bien des femmes de condition.

LE VICOMTE.

Je veux être déshonoré, vous êtes la seule bourgeoise avec qui je déroge : mais, à vous parler franchement, toutes les femmes que je vois, au prix de vous, c'est, ma foi, de la piquette contre du vin de Sillery.

COLOMBINE.

Vous dites la même chose de moi quand vous êtes auprès d'une autre? Dites la vérité.

LE VICOMTE.

Si vous voulez que je vous parle sans fard, cela est vrai; et je vais, au sortir d'ici, à deux ou trois rendez-vous, où il faudra bien dire que vous êtes une guenon comme les autres. Mais, à propos de guenon, quand nous marierons-nous ensemble? Je suis diablement pressé. Écoutez, il ne faut pas laisser morfondre l'amour d'un officier; cela n'est pas de longue haleine. Quel âge avez-vous bien?

COLOMBINE.

Je ne sais pas; mais mon père dit qu'il y a quatorze ans que ma mère étoit grosse de moi.

LE VICOMTE.

Quatorze ans! Je ne croyois pas que vous eussiez vaillant plus de dix ou douze années.

COLOMBINE.

Vraiment! j'ai bien plus que tout cela. Vous croyez donc parler à une petite fille? Vous vous trompez. Je sais déjà bien des choses : j'ai déjà lu cinq ou six comédies de Molière, et j'en suis au troisième tome de Cyrus; je fais du point à la turque, et j'apprends à chanter.

ACTE II, SCÈNE V.

LE VICOMTE.

Vous apprenez à chanter ? Et qui est votre maître ?

COLOMBINE.

C'est un nommé l'Opéra.

LE VICOMTE.

Diable ! un habile homme. Oh ! puisque vous savez chanter, il faut que vous me décochiez un petit air.

COLOMBINE.

Ah ! Monsieur, je vous prie de m'excuser ; j'ai aujourd'hui quelque chose qui m'en empêche.

LE VICOMTE.

Qu'avez-vous donc ? est-ce que vous êtes enrhumée ? Tenez, voilà du tabac en machicatoire ; il n'y a rien de si bon pour le rhume.

COLOMBINE.

S'il n'y avoit que cela, je ne laisserois pas de chanter.

LE VICOMTE.

Qu'avez-vous donc autre chose ?

COLOMBINE.

Je n'ai rien, c'est que....

LE VICOMTE.

Quoi donc ?

COLOMBINE.

C'est que.... Voilà-t-il pas ? Ces vilains hommes,

ils veulent tout savoir. C'est que ma voix ne paroît rien quand je n'ai pas mes fontanges argent et jaune.

LE VICOMTE.

Comme si les fontanges faisoient quelque chose à la voix! courage, mignonne; je vous soufflerai, en tout cas.

COLOMBINE.

Je le veux bien; mais vous allez voir comme je vais trembler. Là, là, là.... Mon Dieu! je suis faite comme je ne sais quoi....

(Elle chante.)

Jeanneton, m'aimez-vous bien?....
Hélas! quel conte!
Pourquoi ne vous aimerois-je pas?
Mon Dieu! quel conte!
Vous qui m'avez tant fait de bien,
Quel fichu conte!

LE VICOMTE.

Je veux être un fripon, si cela n'est divin. Voilà une voix à peindre. Je n'en ai pas perdu une goutte. Mais de quel Opéra est cet air-là?

COLOMBINE.

Je crois que c'est de Roland.

LE VICOMTE.

Oh! point, point. Il faut que ce soit des derniers, car voilà le tour aisé de nos poètes et de nos musiciens d'aujourd'hui. La jolie chanson ! On ne travailloit point comme cela autrefois. Mais je veux chanter avec vous. Tel que vous me voyez, je sais la musique comme un orchestre. Vous allez voir comme je vais vous tortiller un air.

COLOMBINE.

Oh ! Monsieur, je ne suis pas encore assez forte pour tenir ma partie.

LE VICOMTE.

Nous chanterons donc une autre fois. Adieu, mourette.

SCÈNE VI.

LE VICOMTE, COLOMBINE, PASQUARIEL.

PASQUARIEL, entrant brusquement.

Monsieur, ne sortez pas. Il y a là-bas deux sergents et environ douze archers qui vous guettent pour vous mettre en prison.

LE VICOMTE.

En prison ! hoime ! voilà mes bonnes fortunes qui commencent à défiler.

SCÈNE VII.

LE VICOMTE, COLOMBINE.

COLOMBINE.

Qu'avez-vous donc, monsieur le Vicomte? que ne partez-vous? Il y a là-bas tout plein de laquais qui vous attendent.

LE VICOMTE, à part.

Ce sont bien des pousse-culs, de par tous les diables.

COLOMBINE.

Ne peut-on pas savoir la cause de votre chagrin?

LE VICOMTE.

C'est une bagatelle.

COLOMBINE.

Je veux l'apprendre.

LE VICOMTE.

Infandum, Regina, jubes renovare dolorem.

COLOMBINE.

Ah! monsieur le Vicomte, vous jurez devant les filles. Vous me le direz pourtant.

LE VICOMTE.

Vous saurez donc qu'étant obligé de partir pour l'Allemagne, et ne pouvant trouver d'argent sur mon billet (car les billets des vicomtes ne sont pas autrement réputés argent comptant), j'en fis un que je signai *la Harpe* (c'est le nom de ce fameux banquier). Sur ce billet-là, on me donna deux cents pistoles. Je partis : présentement, voyez, je vous prie, le peu de bonne foi qu'il y a dans le commerce ! ce vilain monsieur de la Harpe ne veut pas payer ce billet-là.

COLOMBINE.

Et que dit-il?

LE VICOMTE.

De mauvaises raisons : il dit qu'il n'a point fait ce billet-là; mais son nom y est, une fois; il faudra bien qu'il le paye ou qu'il crève; car, palsambleu ! je sais bien que je ne le payerai pas, moi.

COLOMBINE.

Monsieur le Vicomte, je n'ai point d'argent; mais voilà deux brillants avec lesquels vous pourrez en faire. Prenez encore mon collier.

LE VICOMTE.

Hé! fi, Madame! ne vous ai-je pas dit que je faisois litière de diamants.

COLOMBINE.

Voilà encore une montre qui est assez jolie.

LE VICOMTE.

Hé! vous moquez-vous? Cela est-il d'or?

COLOMBINE.

Attendez; j'ai encore ici une petite boîte à mouches et un cachet.

LE VICOMTE.

Eh! mais, mais, Mademoiselle, vous poussez ma complaisance à bout.

COLOMBINE.

Quand on a donné son cœur, cela ne coûte guère à donner.

LE VICOMTE, à part.

Et encore moins à prendre. (haut.) Ah! charmante princesse! que vous savez me prendre par mon foible, et qu'on fait de folies quand on est bien amoureux!

(Il s'en va.)

COLOMBINE, le rappelant.

Tenez, tenez, monsieur le Vicomte; voilà encore un petit jonc d'or que j'avois oublié.

LE VICOMTE.

Mais, Mademoiselle, ces breloques-là valent-elles bien deux cents pistoles? Voilà un diamant qui me paroît bien jaune. Écoutez; je vais porter tout cela chez l'orfévre, et s'il ne m'en donne pas les deux cents pistoles, vous me tiendrez, s'il vous plaît, compte du reste.

COLOMBINE.

Monsieur le Vicomte, vous m'épouserez, au moins.

LE VICOMTE.

Allez, allez, parmi nous autres Vicomtes, la parole fait le jeu. Adieu, charmante. (Il la prend sous le menton.) Ah! morbleu! que voilà des yeux chargés à cartouches! (Et regardant les bijoux.) Que voilà de bonnes fortunes!

SCÈNE VIII.

COLOMBINE, seule.

Ah! que je suis aise de lui avoir fait ce petit plaisir! De la manière que je l'aime, je ne sais ce que je ne lui donnerois pas.

(Il y a ici plusieurs scènes italiennes.)

ACTE TROISIÈME.

SCÈNES FRANÇOISES.

SCÈNE PREMIÈRE. (1)

ARLEQUIN, UN DOCTEUR.

Le rôle du Docteur étoit joué par Colombine.

ARLEQUIN.

Ayant appris, Monsieur, que vous êtes un homme savant et de bon conseil, je voudrois bien vous parler d'une affaire que je suis sur le point de terminer.

LE DOCTEUR.

Parlez; mais parlez peu : la discrétion dans le parler a toujours été louée. Au contraire, on a blâmé de tout temps les grands parleurs : c'est pour-

---

(1) Comme cette scène est absolument étrangère à l'intrigue de la pièce, nous la plaçons ici au hasard : nous pensions même à la supprimer, quoique insérée dans le recueil de Gherardi, si nous ne nous étions assurés d'ailleurs qu'elle appartient à L'Homme a bonnes fortunes, et qu'elle y a fait plaisir.

ACTE III, SCÈNE I.

quoi j'aime la brièveté, et je m'applique uniquement à être concis dans mes discours.

ARLEQUIN.

J'aurai bientôt fait.

LE DOCTEUR.

Qui ne sait que le trop parler vient du défaut de jugement? que le défaut de jugement vient du manque de raison? et que le manque de raison est le caractère de la bête?

ARLEQUIN.

Je n'ai qu'un mot.

LE DOCTEUR.

Qui ne sait que *volat irrevocabile verbum?* qu'on ne se repent jamais de se taire, et qu'on s'est repenti souvent d'avoir parlé? Ignorez-vous que la nature a donné à l'homme deux pieds pour marcher, deux bras pour agir, deux narines pour sentir, et qu'elle ne lui a donné qu'une langue pour parler.

ARLEQUIN.

Je dis donc....

LE DOCTEUR.

Pythagore faisoit observer le silence à ses disciples pendant sept années.

ARLEQUIN.

Je le crois.

LE DOCTEUR.

Solon avoit coutume de dire qu'un homme qui

parle beaucoup est semblable à un tonneau vide, qui fait plus de bruit qu'un plein.

ARLEQUIN.

Cela est beau.

LE DOCTEUR.

Bias, qu'un grand parleur n'étoit autre chose qu'une forteresse sans murailles, une ville sans porte, et un vaisseau sans gouvernail.

ARLEQUIN.

Vous saurez donc....

LE DOCTEUR.

Anaxagore, qu'une bête féroce échappée étoit moins à craindre qu'une langue effrénée et pétulante.

ARLEQUIN.

Monsieur....

LE DOCTEUR.

Isocrate, qu'il n'y avoit ici-bas que deux choses à faire, écouter et se taire.

ARLEQUIN.

Taisez-vous donc.

LE DOCTEUR.

Tous vos grands discours sont inutiles. *Frustrà fit per plura quod potest fieri per pauciora.*

ARLEQUIN.

Hé! Monsieur, je n'ai encore rien dit.

ACTE III, SCÈNE I.

LE DOCTEUR.

Je sais bien que l'usage de la parole a été donné à l'homme pour expliquer ses pensées.

ARLEQUIN.

De grâce....

LE DOCTEUR.

Je ne vous dis pas qu'il ne faille parler en termes propres, suivant les règles de la grammaire, faire accorder l'adjectif avec le substantif, le nom avec le verbe, le masculin avec le féminin.

ARLEQUIN.

C'est ce dont il s'agit, Monsieur, du masculin avec le féminin.

LE DOCTEUR.

Je ne vous défends pas de mettre en usage les figures de rhétorique : *Nam quid est rhetorica?* Selon Socrate, c'est l'art de persuader : selon Agathon, c'est l'art de tromper; selon Gorgias, l'usage du discours; selon Chrysippe, la clef des cœurs; selon Cléanthe, la science des sciences; selon Vatadérius, le boulevart de la vérité; selon Aristote, le bouclier de l'orateur; selon Cicéron, l'art de bien dire; et selon moi, l'art de ne guère parler.

ARLEQUIN.

Va, si je puis attraper la parole !....

LE DOCTEUR.

Si vous voulez donc que je vous donne mes avis,

expliquez-moi le sujet dont il s'agit; mais surtout d'un style vif, serré, pressé, concis, laconique, car vous savez que la vie de l'homme est courte : *ars longa, vita brevis*. Le temps est cher; on en perd tant à boire, à manger, à dormir, à s'habiller, à danser, à rire, à chanter; et l'on ne songe pas que la santé revient après la maladie, le printemps après l'hiver, la paix après la guerre, le beau temps après la pluie; mais que le temps passé ne revient jamais.

ARLEQUIN.

Je voudrois donc savoir.....

LE DOCTEUR.

Je le crois, que vous voudriez savoir. *Omnibus hominibus scire à naturâ insitum est*, dit le prince de l'éloquence. Mais vouloir savoir est une chose, et savoir en est une autre. C'est ce qui fait que du savoir au non-savoir il y a autant de différence qu'entre l'homme et la bête, le ciel et la terre, le gentilhomme et le roturier, le marchand et le voleur, le procureur et l'assassin, le bourreau et le médecin.

ARLEQUIN.

J'en suis persuadé; mais....

LE DOCTEUR.

Or, voulez-vous savoir quelle différence il y a entre l'homme et la bête? c'est que l'un se conduit par la raison et l'autre par l'instinct. Entre le ciel et la terre? c'est que l'un est sur notre tête, l'autre sous nos pieds. Entre le roturier et le gentilhomme? c'est que l'un paye ses dettes, l'autre se moque de ses créanciers. Entre le marchand et le voleur? c'est que l'un vole dans les villes, l'autre dans les bois. Entre le procureur et l'assassin? c'est que l'un enlève les biens, l'autre la vie. Entre le médecin et le bourreau? c'est que l'un assassine peu à peu ses malades, et que l'autre tue tout d'un coup ceux qui se portent bien.

ARLEQUIN.

Cela est le mieux du monde. Je voudrois donc savoir...

LE DOCTEUR.

Quoi? la philosophie ou la rhétorique? la théorie ou la pratique? la géométrie ou l'astrologie? la pharmacie ou la médecine? la sphère ou la géographie? la cosmographie ou la topographie?

ARLEQUIN.

Non; je ne veux rien de tout cela....

LE DOCTEUR.

Voulez-vous que je vous parle des arts ou des sciences? des huit parties de l'oraison? des trois puissances de l'âme, la mémoire, l'entendement et la volonté? de l'influence des planètes, Jupiter, Mars, Mercure, etc.? de la qualité des étoiles majeures, fixes ou errantes? des comètes crinées, tombantes et volantes? de la disparité des tempéraments phlegmatiques, sanguins et mélancoliques? des mouvements du cœur, systoliques et diastoliques?

ARLEQUIN.

Hé! Monsieur, je n'ai que faire de ce galimatias-là.

LE DOCTEUR.

Est-ce de l'histoire ou de la fable que vous voulez que je vous parle? Commencerai-je par le déluge? le jugement de Pâris? les malheurs de Pyrame et de Thisbé? l'incendie de Troie? les erreurs d'Ulysse? le passage d'Énée? le sac de Carthage? la mort de Tarquin? les triomphes de Scipion? la conjuration de Catilina? le pas des Thermopyles? la bataille de Marathon?

ARLEQUIN dit non à chaque demande.

Eh! non, non, cent fois non, de par tous les diables, non. Je voudrois savoir seulement si je dois épouser une brune ou une blonde.

LE DOCTEUR.

Eh! que ne parlez-vous donc! il y a deux heures que vous me faites chanter inutilement.

ARLEQUIN.

Comment diable voulez-vous que je parle? vous

ACTE III, SCÈNE I.

ne toussez ni ne crachez : je ne puis prendre mon temps. Ouf!

LE DOCTEUR.

Vous voulez donc savoir si vous devez épouser une brune ou une blonde?

ARLEQUIN.

Oui, Monsieur. Ah! nous y voilà à la fin.

LE DOCTEUR.

Voulez-vous que je vous dise cela par les règles d'astronomie, prophétie, chronologie, analogie, physionomie, chimie, astrologie, hydromancie, éromancie, pyromancie, koscinomancie, chyromancie, nigromancie?

ARLEQUIN.

Je ne m'en soucie pas, pourvu....

LE DOCTEUR.

Aimeriez-vous mieux que ce fût par le moyen de l'invocation, imprécation, multiplication, indiction, spéculation, superstition, interprétation, conjuration, prognostication, évocation?

ARLEQUIN.

Corbillon, qu'y met-on? Hé! Monsieur, cela m'est indifférent, pourvu que....

LE DOCTEUR.

Si vous voulez, je me servirai des connoissances de la rhétorique, physique, logique, métaphysique, arithmétique, art magique, poétique, politique, musique, dialectique, étique, mathématique, téraprectique.

ARLEQUIN.

Ah! j'en mourrai!

LE DOCTEUR.

Puis donc que toutes les sciences ci-dessus sont des terres inconnues pour vous, je vous dirai que nos auteurs ont parlé différemment sur le point dont il s'agit. Les uns tenoient pour les blondes, et les autres pour les brunes. La différence du poil fait aussi la différence de l'inclination. La blonde est tendre, languissante et amoureuse; la brune est vive, gaillarde et fringante. La blonde pourra bien outrager votre front, la brune ne vous en quittera pas à meilleur marché. Un savant poète de l'antiquité dit :

Alba ligustra cadunt : vaccinia nigra leguntur.

Un autre, non moins célèbre, s'écrie :

Hic niger est : ore hunc tu, Romane, caveto.

Ainsi vous voyez que c'est une matière bien délicate : *Undique ambages*, et qu'il est difficile d'y porter un jugement certain; car, quoique je sois consommé dans toutes sortes de sciences, ne croyez pas que je veuille que mon sentiment prévaille. Je ne m'arrête pas *mordicùs* à mon opinion. L'obstination est le propre de la bête, et je ne voudrois pas que....

ARLEQUIN.

Allez-vous-en à tous les diables; je ne veux rien savoir. Quel babillard! Je gage que si on examinoit cet homme-là, on trouveroit que c'est une femme.

(Il veut s'en aller.)

LE DOCTEUR, le retenant.

Je vous dis encore que....

ARLEQUIN.

Je vous dis que je vous baillerai sur les oreilles. Quel insolent est-ce là? Je ne veux plus rien entendre.

(Le Docteur le prend par la manche. Arlequin veut s'échapper de ses mains, et son justaucorps reste au Docteur. Arlequin s'enfuit; le Docteur le poursuit en parlant toujours *ad libitum*.) (1)

---

(1) Dans le recueil de Gherardi, cette scène est intitulée *la Tirade;* et il y est dit que Colombine est travestie en avocat. Nous avons changé cette dénomination, et nous y avons substitué celle du Docteur. Le personnage joué par Colombine n'est point celui d'un avocat, mais d'un pédant ridicule.

Cette scène ressemble beaucoup à celle du docteur Pancrace du *Mariage forcé* de Molière, scène VI. Mais si Regnard a imité de très-près Molière, celui-ci avoit puisé lui-même l'idée de cette scène dans les anciens canevas italiens. (*Voyez* les Observations sur Molière, par Louis Riccoboni, page 144.)

SCÈNE II.

ISABELLE, PIERROT.

ISABELLE, en cavalier, devant un miroir, accommodant sa cravatte.

Donne-moi ce chapeau. Hé bien! Pierrot, ce cavalier-là est-il de ton goût?

PIERROT.

Pardi! Mademoiselle, vous voilà à charmer. On vous prendroit pour moi. Il y a pourtant un peu de différence. Est-ce que vous allez lever une compagnie de fantassinerie?

ISABELLE.

Ne pense pas te moquer; je tâterois fort bien de l'armée, et je n'appréhenderois pas plus le feu qu'un autre.

PIERROT.

Si tous les capitaines étoient faits comme vous, ils pourroient gagner les frais de l'enrôlement, et faire leurs soldats eux-mêmes.

ISABELLE.

Je ne mets pas cet habit-ci sans raison. Tu sais que mon père veut que j'épouse M. Bassinet.

PIERROT.

Votre père? Bon! c'est un vieux fou qui radote, et je lui ai dit, dà!

ACTE III, SCÈNE II.

ISABELLE.

Je me sers du déguisement où tu me vois, pour détourner ce mariage. Monsieur Bassinet ne m'a jamais vue; il doit venir me voir, et j'attends sa visite en cet équipage. Je vais lui apprendre des nouvelles d'Isabelle, et je lui en ferai, parbleu, passer l'envie.

PIERROT.

Mardi! voilà une hardie tête de fille! J'ai toujours dit à votre père que je ne croyois pas qu'il fût le mari de votre mère quand elle vous a faite. Vous avez trop d'esprit. Qu'en croyez-vous?

ISABELLE.

Pour moi, Pierrot, je ne m'embarrasse pas de cela; je ne songe qu'à faire rompre, si je puis, l'impertinent mariage dont je suis menacée. Mais je crois que voilà monsieur Bassinet; laisse-moi avec lui : je vais commencer mon rôle.

PIERROT.

Pardi! c'est lui-même; il ressemble à un marcassin.

SCÈNE III.

ISABELLE, M. BASSINET.

ISABELLE, *assise nonchalamment dans un fauteuil.*

SERVITEUR, Monsieur, serviteur.

M. BASSINET, *apercevant le cavalier.*

Ah! Monsieur, je vous demande pardon. On m'avoit dit que mademoiselle Isabelle étoit dans sa chambre. (à part.) Que diable cherche ici ce godelureau-là?

ISABELLE.

Monsieur, elle n'y est pas, et je l'attends. Mais vous, Monsieur, que venez-vous faire ici? Mademoiselle Isabelle est-elle malade? car, à votre mine, je vous crois médecin, et vous avez toute l'encolure d'un membre de la Faculté.

M. BASSINET.

Vous ne vous trompez pas, Monsieur; je suis un nourrisson d'Hippocrate : mais je ne viens pas ici pour tâter le pouls à Isabelle; j'ai bien d'autres prétentions sur....

ISABELLE.

Oui! et de quelle nature, s'il vous plaît, sont les prétentions d'un médecin sur une fille?

ACTE III, SCÈNE III.

M. BASSINET.

Je viens ici pour l'épouser.

ISABELLE.

Pour l'épouser! Isabelle?

M. BASSINET.

Isabelle.

ISABELLE.

Ah, ah, ah!

M. BASSINET.

Mais cela est donc bien drôle!

ISABELLE.

Point du tout! mais c'est que.... ah, ah, ah.... je ris comme cela quelquefois. Ah, ah, ah.

M. BASSINET.

Comment donc! est-ce que je suis barbouillé?

ISABELLE.

Bon! ne voyez-vous pas bien que je ris? Ah, ah, ah. Dites-moi un peu, Monsieur, en vous déterminant à un saut si périlleux, vous êtes-vous bien tâté? N'avez-vous point senti quelque petit mal de tête.... vous m'entendez bien?

M. BASSINET.

Non, Monsieur; je me porte fort bien : je ne suis pas sujet à la migraine.

ISABELLE, lui mettant la main sur le front.

Ma foi! vous porterez bien cela, et je suis plus aise que vous ayez cette fille-là qu'un autre.

M. BASSINET.

Et moi aussi.

ISABELLE.

Mais, quand elle sera votre femme, au moins n'allez pas nous la gâter par vos manières ridicules. Nous avons eu assez de peine à la mettre sur le pied où elle est. Le joli tour d'esprit! elle l'a comme le corps.

M. BASSINET.

Comme le corps! et savez-vous comme elle l'a tourné?

ISABELLE.

Bon! qui le sait mieux que moi! Si vous voulez, je vais la dessiner qu'il n'y manquera pas un trait. Une gorge, morbleu! plantée là.... Bon! c'est un marbre.

M. BASSINET.

Ouf! quel peintre!

ISABELLE.

Je vous dis que vous ne sauriez faire une meilleure affaire.

M. BASSINET.

Je vois bien qu'elle ne seroit point mauvaise pour vous.

ISABELLE.

Elle a, par-dessus cela, une adresse à conduire une affaire de cœur qui ne se comprend pas. C'est un petit démon pour les tours d'esprit. Si elle est votre femme, elle aura des intrigues avec toute la terre, que vous ne vous en apercevrez non plus que si elle étoit à Rome et vous au Japon. Diable! une femme comme cela est un trésor pour le repos du ménage.

M. BASSINET.

Et avec tous ces beaux talents-là, d'où vient qu'elle n'est pas mariée? Voilà des qualités merveilleuses pour être femme.

ISABELLE.

Ne savez-vous pas les allures du monde et la malignité des rivaux? Les uns disent qu'elle a des vapeurs ; les autres lui font faire un voyage : il y en a d'assez enragés qui lui font garder le lit cinq ou six mois pour une détorse.... et.... que sais-je, moi! cent autres contes que l'on va souffler aux oreilles d'un fiancé, qui ne manquent pas de rompre un mariage comme un verre ; et si, de tout cela, bien souvent il n'y en a pas la moitié de vrai.

M. BASSINET.

Quand il n'y en auroit que le quart, c'est bien encore assez, de par tous les diables! une détorse!

ISABELLE.

Au moins, je veux être de vos amis ; et je prétends, quand vous serez marié, aller sans façon manger chez vous votre chapon.

M. BASSINET.

Monsieur, vous me faites trop d'honneur; mais je ne mange jamais de volaille. A ce que je vois, vous connoissez parfaitement la demoiselle en question ?

ISABELLE.

Ce n'est pas d'aujourd'hui que nous sommes toujours ensemble; et si vous étiez discret, je vous apprendrois quelque chose sur son chapitre, que je suis sûr que vous ne savez pas.

M. BASSINET.

Oh! vous pouvez tout dire, et compter sur ma discrétion. Vous savez que les médecins....

ISABELLE.

Je passe.... (Mais il faut voir si personne ne nous entend.) Je passe toutes les nuits dans sa chambre.

M. BASSINET.

Dans sa chambre?

ISABELLE.

Dans sa chambre. Je vous dirai même....; mais vous irez jaser.

M. BASSINET.

Non, je me donne au diable.

ISABELLE.

Cette nuit, nous avons reposé tous deux sur le même chevet. Prenez vos mesures là-dessus.

M. BASSINET.

Sur le même chevet! ensemble?

ISABELLE.

Ensemble; et cette nuit nous en ferons autant infailliblement. Elle ne sauroit se coucher sans moi.

M. BASSINET, à part.

Ah, ah! monsieur Brocantin, vous voulez donc m'en faire avaler!

ISABELLE.

Ce que je viens de vous dire là, au moins, ne doit point vous empêcher de conclure l'affaire. Un homme bien amoureux ne s'arrête pas à ces bagatelles-là.

M. BASSINET.

Bon! voilà de belles badineries! Je ne vois pas que rien presse encore de quitter la robe et le bonnet de médecine, pour me faire coiffer de mademoiselle Isabelle. Adieu, Monsieur, jusqu'au revoir. Le ciel m'a assisté : voilà un jeune homme qui m'aime bien.

SCÈNE IV.

ISABELLE, seûle.

Oh, pardi, monsieur Bassinet, je crois que vos fumées d'amour pour Isabelle sont bien passées présentement. Depuis un quart d'heure que je fais l'homme, je ne suis pas mal scélérat.

(Elle rentre.)

(Il y a ici des scènes italiennes.)

SCÈNE V.

BROCANTIN, PIERROT.

PIERROT.

Tout franc, Monsieur, je crains que vous n'ayez attendu trop tard à marier vos filles.

BROCANTIN.

Comment donc? seroit-il arrivé quelque malheur dans ma famille?

PIERROT.

Non, pas encore tout-à-fait; mais, voyez-vous, Monsieur, vous tournez trop à l'entour du pot. Diable! les filles sont de certains animaux équivoques.....

ACTE III, SCÈNE V.

BROCANTIN.

Que veux-tu donc dire avec tes animaux équivoques ?

PIERROT.

C'est-à-dire, Monsieur..... tant y a que je m'entends bien. C'est comme des armes à feu; ça tire quelquefois sans qu'on y pense.

BROCANTIN.

Ne te mets point en peine, Pierrot; je suis sur le point d'en marier une, et je crois que je ferai affaire de l'aînée avec monsieur Bassinet.

PIERROT.

Qui ? ce médecin ? Fi ! votre fille n'est point le fait de ce vieux rhumatisme-là.

BROCANTIN.

Il m'a promis qu'il quitteroit sa profession de médecin, si je voulois lui donner Isabelle, et qu'il se feroit troqueur.

PIERROT.

Hé! pardi, je le crois bien. On lui en sait grand gré, ma foi, de quitter son séné pour une fille drue comme Isabelle ! Tuchoux ! si vous voulez me la bailler, je vous quitte, vous et vos chevaux, dès demain; et si, je crois que je vous panse avec autant d'honneur qu'un médecin fait ses malades. Voulez-vous que je vous dise mon sentiment ? car, révérence parler, j'ai plus d'esprit que vous : vous ferez mieux, si je ne vous accommode pas, de la donner à quelque homme de condition, comme, par exemple, à un gentilhomme de robe.

BROCANTIN.

Te moques-tu, Pierrot ? Notre vacation est la plus jolie du monde ; nous voyons tout ce qu'il y a de gens de qualité ; il n'y a point de prince qui fasse la dépense que nous faisons ; nous changeons de meubles tous les jours ; on ne voit jamais chez nous la même chose, et notre cabinet est le rendez-vous de tous les fainéants de la ville.

PIERROT.

Et quelquefois aussi des fainéantes ; car voyez-vous, Monsieur, les femmes ont toujours quelque pièce à troquer.

SCÈNE VI.

COLOMBINE, BROCANTIN, PIERROT.

COLOMBINE, arrivant.

Mon papa, il y a là-bas une troupe de carême-prenants qui veulent entrer.

BROCANTIN.

Qu'on les renvoie ; je ne veux point.....

ACTE III, SCÈNE VI.

COLOMBINE.

On dit que c'est l'ambassadeur du prince Tonquin des Curieux qui veut m'épouser.

PIERROT.

Oh! pardi, Monsieur, les voilà.

SCÈNE VII.

ARLEQUIN, prince des Curieux, porté par quatre hommes dans une manière de panier; MEZZETIN en perroquet; BROCANTIN, PIERROT, COLOMBINE, ISABELLE; Suite du prince des Curieux.

BROCANTIN, au perroquet.

Le prince des Curieux épouser ma fille! Je suis bien obligé à son altesse tonquinoise. (à Pierrot.) Voyons un peu ce qu'il va dire : écoute.

(Mezzetin caquette, et veut baiser Colombine.)

COLOMBINE.

Ah! mon Dieu, la vilaine bête! Pierrot, Pierrot, ne me quitte point; j'ai peur.

PIERROT.

Oh! pardi, ne craignez rien avec moi; il n'a qu'à venir. Ah! Mademoiselle, la jolie queue! Perroquet mignon; tôt, tôt, à déjeuner.

(Mezzetin caquette.)

BROCANTIN.

Quel diable de jargon! Qu'est-ce donc qu'il dégoise là?

MEZZETIN chante.

Je suis fatigué, j'ai fait un grand voyage,
Pour vous demander Colombine en mariage.

COLOMBINE.

Moi? oh! je ne veux point épouser un perroquet.

MEZZETIN.

Hé, morguenne de vous! quelle fille! quelle fille!
Morguenne de vous! quelle fille êtes-vous?

PIERROT.

Voilà l'ambassadeur du Pont-Neuf.

MEZZETIN.

Le friand morceau! J'aurai bien du plaisir d'en faire une perroquette. Qu'elle est belle!

COLOMBINE.

Oh! vous vous moquez. J'ai ma sœur qui est bien plus jolie que moi; et si vous aviez vu ma cousine Gogo, c'est tout autre chose.

MEZZETIN chante.

Quel air de santé! vous avez la mine
Un jour de rester seule à la tontine.....

COLOMBINE.

Oh! je ne veux jamais rester seule; j'ai trop peur.

MEZZETIN.

Hé! morguenne de vous! quelle fille! quelle fille! Morguenne de vous!....

ARLEQUIN, *mettant la tête hors du panier, achève le couplet, en chantant* :

Hé! dépêchez-vous.

(*Les violons jouent une entrée, pendant laquelle Arlequin sort de son panier et danse; et après qu'il a dansé, il commence le discours qui suit.*)

Ce n'est pas sans raison que nos anciens modernes ont dit ingénieusement que le mariage étoit d'une très-grande ressource pour de certaines gens, et que les aigrettes, dont quelques femmes galantes faisoient présent à leurs maris, étoient semblables aux dents, qui font du mal quand elles percent, et nourrissent quand elles sont venues. Cela présupposé, voyons un peu le tendron qui est destiné pour mes plaisirs; car vous ne voudriez pas me faire acheter chat en poche.

BROCANTIN.

Oh! avec moi, Monsieur, point de surprise. Voilà mes deux filles; vous n'avez qu'à choisir : c'est encore trop d'honneur pour le sang des Brocantins.

ARLEQUIN.

Oui, beau-père, je veux brocantiner avec vous; et de peur de mal choisir, je les prendrai toutes deux. (Il se tourne vers Colombine.) Pour vous, petite blonde d'Égypte, levez le nez, regardez-moi fixement, marchez, trottez. Beau-père, n'y a-t-il rien à refaire à cette fille-là ?

BROCANTIN.

Oh! Monsieur, je vous la garantis tout ce qu'on peut garantir une fille.

COLOMBINE.

Je me porte bien, et je n'ai jamais eu d'autre maladie qu'un mal d'aventure : mon pouce devint gros comme ma tête.

ARLEQUIN.

Diable! méchant mal. Les filles sont terriblement sujettes aux maux d'aventure; mais l'enflure ne les prend pas toujours au pouce. Seriez-vous bien aise d'être ma femme ?

COLOMBINE.

Moi! votre femme? bon, bon! vous vous moquez : est-ce que je suis capable de cela?

ARLEQUIN.

Malepeste! vous l'êtes de reste.

COLOMBINE.

Je vous avertis par avance que si je suis jamais mariée avec vous, je ne vous incommoderai point de toute la nuit; car je suis la meilleure coucheuse du monde : je me trouve le matin comme je me suis mise le soir.

ARLEQUIN.

Tant mieux. Mais avant de passer outre, il est bon que je vous fasse part de quelques petits avis en vers, que j'ai faits pour servir de niveau à la femme qui tombera sous ma coupe. Écoutez bien ceci.

(Il tousse.)

PRIMO.

Celle qui m'engage sa foi,
Sera, si cela se peut, sage;
Elle doit se faire une loi
De demeurer dans son ménage,
Et de n'en sortir qu'avec moi,
En dépit du contraire usage.
Quand je vois revenir des femmes sans maris,
J'entends celles qui sont du plus galant étage,
Qui souvent loin du gîte ont passé plusieurs nuits,
Il me semble de voir un cheval de louage;
Lorsqu'on le ramène au logis,
C'est un grand hasard s'il ne cloche;
Et s'il ne boite pas tout bas;
Pour le moins, on trouve, en ce cas,
A coup sûr, quelque fer qui loche.

SECUNDO.

Dans ma maison il n'entrera,
De peur de maligne pratique,
Aucun lévrier d'opéra,
Symphoniste, chanteur, ou suppôt de musique.

Item, point de maître à danser;
Ce sont courtiers d'amour dont il faut se passer.
Ces gens-là se font trop de fête;
Et, quelque soin que vous preniez,
Par leurs leçons, la femme en porte mieux les pieds,
Mais le mari plus mal la tête.

COLOMBINE.

Point de maître à danser? Et quel mal font-ils aux maris? Ils ne les touchent jamais. Je renoncerois plutôt au mariage. J'aime le mien presque autant qu'un mari.

ARLEQUIN.

C'est à cause de cela. Ces Messieurs-là ne montrent pas toujours la courante et le menuet.

TERTIO.

Vous n'aurez près de vous que gens
Qui soient tout-à-fait nécessaires;
Laquais au-dessous de douze ans,
Ou bien cochers sexagénaires.
Item, point de pensionnaires.
Ces oiseaux gras et bien nourris
Viennent souvent pondre en nos nids;
Et, trouvant de plain-pied à parler de leurs flammes,
Ils se racquittent près des femmes
De ce qu'ils payent aux maris.

Que dites-vous à cela, la future?

COLOMBINE.

Moi? je dis que je n'y entends rien. Qu'est-ce

ACTE III, SCÈNE VII.

que c'est que de venir pondre dans nos nids ? Est-ce que l'on a des œufs quand on est mariée ?

ARLEQUIN.

Non; mais vous aurez des poulets. Je vous expliquerai tout cela quand vous serez ma femme. Voyons le reste.

QUARTO et ULTIMO.

Qui voudra se mettre en famille,
Qu'il prenne garde que jamais
Il ne s'engaigne d'une Agnès;
C'est une méchante chenille.
Il en est bien souvent de ces sortes de filles,
Ainsi que de ces œufs qu'on achète pour frais :
On a beau les mirer de près,
Dès qu'on en casse les coquilles,
On en voit sortir les poulets.

SCÈNE VIII.

ARLEQUIN, MEZZETIN, BROCANTIN, PIERROT, COLOMBINE, ISABELLE, M. BASSINET.

BROCANTIN.

Il a ma foi raison. Çà, Monsieur.... Mais voici monsieur Bassinet fort à propos.

M. BASSINET.

Parbleu ! je suis ravi de trouver ici tout le

monde en joie. Apparemment que vous disposez le bal pour notre mariage ?

BROCANTIN.

Oh ! monsieur Bassinet, vous venez le plus à propos du monde ; nous ferons d'une pierre deux coups. Voilà ma fille Isabelle qui vous attend pour vous donner la main.

ARLEQUIN.

Est-ce que vous prétendez donner votre fille à ce scorpion ? Fi ! ne faites point cette affaire-là.

BROCANTIN.

Vous moquez-vous ? c'est un médecin très-riche.

ARLEQUIN.

Un médecin ? Je m'en doutois bien, car j'ai eu envie de faire une selle en le voyant. Mais cet homme-là ne vaut rien pour le mariage : tenez, vous voyez bien que sa barbe ne tient point ; ce sont deux moustaches postiches.

(Il lui arrache les poils de la barbe.)

M. BASSINET.

Que le diable vous emporte ! Quelle peste de cérémonie !

ARLEQUIN.

Il y a encore pis que cela ; cet homme sera pendu avant qu'il soit vingt-quatre heures. Voyez cette mine patibulaire.

ACTE III, SCÈNE VIII.

BROCANTIN.

Pendu! et comment connoissez-vous cela?

ARLEQUIN.

Par le moyen des astres, et par les règles de la métoposcopie. Je n'y manque jamais, à une heure près; et, si vous voulez, je vous dirai quand vous le serez.

BROCANTIN.

Cela étant, je vais le congédier. M. Bassinet, vous voyez bien ma fille : touchez là; vous n'en croquerez que d'une dent, et je ne veux point de gendre dont la barbe ne tient point.

ARLEQUIN.

Ni moi d'un beau-frère, qui postule après une cravate de chanvre.

M. BASSINET.

Ni moi d'une fille qui a eu des détorses de neuf mois. Allez, vieux radoteur, aux Petites-Maisons, avec votre chianlit. Je venois ici pour vous dire que je ne voulois point de la fille d'un fou, et qui passe toutes les nuits avec des godelureaux. Fi! la vilaine!

ARLEQUIN.

Adieu, adieu; bon voyage, mon ami : à la Grève, à la Grève. (à Isabelle.) Consolez-vous, la belle, je vais vous présenter un époux qui vaudra cette vilaine égoutture de bassin. Tenez, beau-père, (montrant Octave qui est déguisé.) ce sera là votre second gendre ; c'est un grand seigneur de mon pays.

ISABELLE.

Ah! ciel, c'est Octave!
(Octave lui fait un compliment en italien.)

BROCANTIN.

Qu'est-ce qu'il jargonne là ?

ARLEQUIN.

C'est un compliment tonquinois. Il dit qu'elle est une étoile resplendissante de perfection, et que, si la queue de son manteau étoit plus longue, il la prendroit pour une comète.
(Isabelle répond en italien au compliment d'Octave.)

BROCANTIN.

Quoi! ma fille sait déjà le tonquinois?

ARLEQUIN.

Bon! c'est une langue qui s'apprend par infusion ; et s'il vous épousoit, vous sauriez le tonquinois dans deux heures.

BROCANTIN.

Puisque cela est ainsi, je veux bien faire le mariage d'Isabelle ; mais dites-moi auparavant, est-il curieux ?

ARLEQUIN.

Bon! c'est le Dautel du pays; il troque des nippes à tous moments, et je vous réponds qu'avant qu'il

ACTE III, SCÈNE VIII.

soit deux jours, il aura troqué sa femme. Je m'en vais vous faire voir toutes mes curiosités, et l'équipage de ma future.

(Arlequin fait un signal; le fond du théâtre s'ouvre, et il paroît un cabinet rempli de tableaux de Téniers, figurés par des personnages naturels.)

BROCANTIN.

Voilà qui est très-beau. Ces tableaux-là sont tous originaux.

ARLEQUIN.

Vous l'avez dit. Et ce gros singe-là, comment le trouvez-vous?

(Il lui fait remarquer un singe qui est dans un des tableaux.)

BROCANTIN.

Joli, ma foi! on diroit qu'il me regarde.

ARLEQUIN.

Cela pourroit être, car il vous ressemble comme deux gouttes d'eau, et vous savez que la ressemblance engendre l'amitié. Mais il faut vous détromper. Vous avez cru que c'étoient là des tableaux véritables.

BROCANTIN.

Assurément, et je le crois encore.

ARLEQUIN.

Et c'est ce qui vous trompe. Tout cela ne tient que par le moyen d'un ressort que je vais toucher, et vous verrez que toutes ces figures prendront mouvement. (Arlequin s'approche de l'un des côtés du cabinet, et frappant sur une table, toutes les figures qui sont représentées dans les tableaux en sortent en chantant, dansant et jouant de divers instruments. Pasquariel, en singe, fait plusieurs sauts périlleux ; Brocantin le regarde avec admiration, et Arlequin lui dit :)

Voyez-vous bien ce singe ? il accompagne de la guitare on ne peut pas mieux. Je m'en vais vous le faire voir. (Au singe.) Quiribirichibi ?

(Le singe répond en faisant une grimace, et en même temps se jette sur une guitare qu'un homme de la suite d'Arlequin a entre les mains.)

ARLEQUIN, à Brocantin.

Avez-vous entendu ce qu'il a dit ?

BROCANTIN.

Non. Est-ce que j'entends le langage des singes, moi ?

ARLEQUIN.

Vous avez pourtant la physionomie d'une guenon. Il dit qu'il va prendre sa guitare. La voilà ; écoutez.

MEZZETIN, habillé en Flamand, une pipe au chapeau, tenant un pot à bière d'une main, et un grand verre de l'autre, chante l'air qui suit, et le singe accompagne de la guitare.

Pata, pata, pata, pon,
Amis, je m'en vais à la guerre ;
J'ai pour épée un flacon,
Et pour mousquet un grand verre.
La santé du roi,
Porte-la-moi :

Dépêche-toi ;
Car je suis mort, si je ne boi.

Au son de cet instrument,
Je sens que mon cœur se réveille ;
Il faut, pour être content,
Toujours la pipe et la bouteille.
La santé du roi,
Porte-la-moi :
Dépêche-toi ;
Car je suis mort, si je ne boi.

FIN DE L'HOMME A BONNES FORTUNES.

LA CRITIQUE

DE

L'HOMME A BONNES FORTUNES,

COMÉDIE.

AVERTISSEMENT

DE L'ÉDITEUR,

SUR LA CRITIQUE

DE L'HOMME A BONNES FORTUNES.

Cette petite comédie a été représentée, pour la première fois, le 1er mars 1690.

Elle est une preuve de l'empressement avec lequel on couroit aux représentations de *l'Homme à bonnes fortunes*. Si l'on en croit la Critique, la presse étoit telle, qu'on y étoit étouffé, volé, déchiré : l'embarras des carrosses faisoit qu'on ne pouvoit rentrer chez soi à l'heure commune du souper. En supposant un peu d'exagération dans ce détail, il n'en résulte pas moins que la pièce qui y a donné lieu étoit très-suivie.

La Critique est elle-même une très-jolie pièce, et l'une des meilleures de ce genre, après *la Critique de l'École des Femmes;* on n'en excepte pas même *la Critique du Légataire,* que Regnard a donnée depuis au Théâtre François : il y a répété plusieurs idées de la première *Critique,* et le rôle de Bonaventure a quelque ressemblance avec celui de Bredouille; mais le premier est plus plaisant que l'autre : il n'est rien de plus comique que le compte qu'il rend de la pièce. Le Marquis est un petit-maître ridicule qui peut avoir quelques rapports avec plusieurs rôles de ce genre que Regnard a mis sur la scène, mais qu'il a plus chargé que les autres, et la pièce est terminée d'une manière qui ne pouvoit convenir qu'au théâtre italien.

AVERTISSEMENT.

Cette comédie est le portrait véritable, quoique un peu chargé, de quantité d'originaux qui fréquentent les spectacles. Elle n'a point été reprise.

PERSONNAGES.

NIVELET, procureur fiscal, *Pierrot.*
LE BARON DE PLAT-GOUSSET, *Cinthio.*
LA COMTESSE DE LA GINGANDIÈRE,
    femme grosse, *Colombine.*
LA BARONNE, cousine de la Comtesse.
LE MARQUIS DE ROUSSIGNAC, *Arlequin.*
M. BONAVENTURE, pédant, *Mezzetin.*
CLAUDINE, servante d'hôtellerie, *Isabelle.*

La scène est à Paris, dans une hôtellerie.

LA CRITIQUE

DE

L'HOMME A BONNES FORTUNES,

COMÉDIE.

SCÈNE PREMIÈRE

LE BARON DE PLAT-GOUSSET, NIVELET.

LE BARON.

Garçon! hé! y a-t-il là quelqu'un? Le souper est-il prêt? La peste soit de l'auberge!

NIVELET.

Qu'avez-vous donc, monsieur le Baron? Vous me paroissez bien fâché.

LE BARON.

Oui, morbleu! je le suis, et j'ai raison de l'être. Je sors présentement de l'Hôtel de Bourgogne, et j'en suis si outré, que si je trouvois à présent un comédien italien, la moindre chose qu'il lui en coûteroit, ce seroit une oreille.

NIVELET, montrant son manteau déchiré.

Je n'en suis guère plus content que vous. Tenez, voilà tout ce que j'ai pu sauver de mon manteau; j'ai laissé le reste au parterre.

LE BARON.

Rien ne prouve mieux la dépravation du goût du siècle, que l'affluence des femmes, des carrosses et des chevaux qui vont à cette comédie. C'est une maladie qui gagne la cour.

NIVELET.

Franchement, vous autres gens d'épée, vous avez quelque sujet de la fronder : il me semble que parfois on vous donne sur la crête.

LE BARON.

Et oui; les robins y sont fort flattés. *L'amour par articles*; c'est un endroit bien appétissant pour les femmes.

NIVELET.

Oh! ma foi, s'il y a quelque chose de passable, c'est quand le Vicomte dépouille cette innocente jusqu'à un jonc d'or qu'elle a au doigt. Ces couleurs ne crayonnent pas mal les gens d'épée, qui, pendant un quartier d'hiver, vous sucent une femme jusqu'au dernier bijou.

LE BARON.

Où est le mal, s'il vous plaît, à un officier qui

part pour l'armée, de plumer une femme? Dans le fond, on n'a en vue que le service du roi.

SCÈNE II.

NIVELET, LE BARON, CLAUDINE, venant mettre le couvert, et ayant du linge et des assiettes sous son bras.

NIVELET.

Hé bien, Claudine, parviendrons-nous à souper?

CLAUDINE.

On n'attend plus que cette Comtesse avec sa cousine, qui sont allées à ces bateleurs d'Italiens.

LE BARON.

Bon! elles devroient être revenues; il y a deux heures que tout est fait.

CLAUDINE.

Je crois que cette peste de pièce-là me fera devenir folle. L'auberge est tous les soirs en déroute, et nos Messieurs ne reviennent plus qu'à neuf heures. Ces visages de comédiens ne sauroient-ils jouer dès le matin?

LE BARON, la prenant sous le menton.

Là, là, Claudine, tout doucement; ne te fâche pas. Oh! la friponne! si tu voulois un peu m'aimer.

####### CLAUDINE.

Oh ! j'en refuse autant d'un autre. Çà donc, vous plaît-il de vous tenir ?

####### NIVELET, lui mettant la main au menton.

La belle Claudine est bien pie-grièche aujourd'hui !

####### CLAUDINE.

Vous arrêterez-vous, grands baguenaudiers ? Je vous aurois bordé le visage d'une assiette, plus vite..... Je vous dis encore que je ne ris pas. Ces frelampiers-là sont toujours à lanterner autour d'une fille.

####### LE BARON.

Ouais ! Claudine, tu es bien loup-garou !

####### CLAUDINE.

Je suis ce que je suis; ce ne sont pas là vos affaires: je n'ai jamais vu une diantre de maison comme celle-ci.

####### NIVELET.

Et pourquoi, mon petit cœur ?

####### CLAUDINE.

Et pourquoi ? Enfin, si ma tante m'avoit crue, je n'aurois jamais demeuré dans une auberge : mais puisqu'on m'y a forcée, m'y voilà; j'enrage pourtant assez.

####### LE BARON.

Mais encore, qu'as-tu donc, Claudine ?

SCÈNE II.

CLAUDINE.

Ce que j'ai? Je suis toujours par voie et par chemin, pour aller querir les drogues à cette grande halebreda de Comtesse.

NIVELET.

Comment donc?

CLAUDINE.

Il y a sans cesse à refaire autour d'elle : tantôt c'est du blanc, tantôt c'est du rouge; tantôt c'est un gros bourgeon qu'il faut raboter; et que sais-je? cent mille brimborions. Tant y a qu'il y a toujours quelque chose à calfeutrer sur son visage.

LE BARON.

Tu as un peu de peine, Claudine; mais aussi tu gagnes bien de l'argent, et je m'assure que tu fais un beau magot.

CLAUDINE.

Il est vrai; voilà un gros venez-y-voir! Depuis dix-huit mois, avoir amassé quinze écus ; voilà-t-il pas un gros butin? et si, là-dessus, il me faudra un habit à Pâques.

LE BARON.

Tu ferois bien mieux d'acheter un bon mari de cet argent-là; cela est bien meilleur pour une fille.

CLAUDINE.

Çamon! voilà encore un plaisant fretin que des hommes! Les rues en seroient pavées, que je ne voudrois pas en ramasser un; et puis, en cas de mari, comme vous savez, pour quinze écus on ne peut pas avoir grand'chose.... A la fin, voilà notre diable de Comtesse.

SCÈNE III.

LA COMTESSE, femme grosse, et sa COUSINE, se jetant toutes deux sur deux fauteuils; et les Personnages de la scène précédente.

LA COMTESSE.

Ah! Monsieur, je n'en puis plus! En l'état où je suis! de l'eau de la reine d'Hongrie. Coupez mon lacet. Ah, ah, ah!

LA COUSINE, se laissant aussi aller.

Ma pauvre cousine, vous ne crèverez pas toute seule. Je suis toute disloquée. C'est pour en mourir, hi, hi, hi!

(Elle pleure.)

LE BARON.

Qu'avez-vous donc, Madame? voudriez-vous accoucher?

LA COMTESSE.

Ah, ah, ah! Si ma sage-femme étoit là, je n'en ferois pas à deux fois; mon pauvre monsieur le Baron, ron, ron, ron! Hé, vite! qu'on me déchausse. Claudine, ma cousine! ma cousine!

SCÈNE III.

NIVELET, à la Cousine.

Et vous, Mademoiselle, où le mal vous tient-il ?

LA COUSINE.

Ah ! monsieur le Procureur fiscal, je suis confisquée, hé, hé, hé !

LE BARON.

Ma foi, monsieur Nivelet, si nous n'y prenons garde, voilà deux femmes qui vont nous crever dans la main.

LA COUSINE.

Nous venons de cette damnée pièce, où l'on est deux heures à entrer, et trois heures à sortir, et, qui pis est, hé, hé !...

CLAUDINE.

Là, là, Madame, deux jours de relais emporteront cela.

LA COUSINE.

Monsieur Nivelet, vous qui savez la procédure, à telle fin que de raison, il faut faire assigner les comédiens en garantie de couche. Que sait-on ? si ma cousine alloit avorter !

NIVELET.

Assurément.

LA COUSINE.

Oh ! si la justice s'en mêle, il faudra bien que l'on me rende ce que l'on m'a pris.

LE BARON.

Comment donc! étiez-vous auprès de quelque insolent?

LA COUSINE.

C'étoit bien un filou qui m'a pris ma bourse, où il y avoit dix louis, hi, hi, hi!
(Elle pleure.)

LE BARON.

Oh! si l'on ne vous a pris que cela, patience. Allons, courage, Madame, le souper raccommodera tout.

LA COMTESSE.

Moi, manger! La comédie m'a dégoûtée pour six semaines. Ah, ah!

LE BARON.

Claudine, courez vite chez le médecin, demander une potion pour rassurer une femme qui a pensé accoucher dans la presse.

LA COUSINE.

Claudine, tu lui demanderas aussi s'il n'a rien pour faire retrouver ce qu'une fille a perdu à la comédie.

CLAUDINE.

Oh! je m'en vais chez notre apothicaire; il a de toutes ces drogues-là.

LA COMTESSE.

Hai, hai, hai!

SCÈNE III.

LE BARON.

Par ma foi, ce sont de vraies épreintes. Monsieur Nivelet, il faut appeler du secours. Françoise, Eustache, la maîtresse! portez vite Madame dans sa chambre.

(On vient, et on emmène la Comtesse dans sa chambre.)

NIVELET.

Pour vous, Mademoiselle, tenez-vous en repos dans ce fauteuil, en attendant qu'on serve. Je vais à la cuisine faire hâter le souper.

LE BARON.

Et moi, je suis si soûl de la comédie, que je m'en vais me mettre au lit sans boire et sans manger, et, qui pis est, je n'en sortirai, ou le diable m'entraîne, que lorsque l'on aura renvoyé tous ces gueux de comédiens-là en Italie. La détestable pièce!

LA COUSINE.

Ah! ma pauvre bourse!

SCÈNE IV.

UN MARQUIS ridicule, sortant brusquement de sa chaise, tout en désordre, sa perruque de travers et sa chemise déchirée; les Personnages de la scène précédente, à la réserve de la Comtesse.

LE MARQUIS.

Hola, quelqu'un! de la chandelle, du feu, une bassinoire. Ah! Mademoiselle, je crois qu'il ne me reste de vie que pour faire mon testament.

LA COUSINE.

Comment, monsieur le Marquis, qu'avez-vous?

LE MARQUIS.

Ma foi, Mademoiselle, il ne me reste présentement pas grand'chose; je n'ai qu'un parement de manche, le cuir de mes poches et quelques lambeaux de chemise. Voyez comme me voilà ajusté! un justaucorps neuf tout marbré de cambouis depuis les pieds jusqu'à la tête.

LA COUSINE.

D'où vient donc tout ce délabrement-là? vous êtes-vous battu?

LE MARQUIS.

Avoir résisté trois semaines à la tentation, et m'être laissé aller comme un coquin! Ventrebleu! j'enrage du meilleur de mon âme.

SCÈNE IV.

LA COUSINE.

Est-ce quelque rival qui vous a houspillé? Voilà d'ordinaire le succès des bonnes fortunes.

LE MARQUIS.

Que maudits soient la bonne fortune, Arlequin, sa clique, et la curiosité qui m'a pris aujourd'hui! J'ai levé le nez tantôt au coin d'une rue; j'ai vu un papier rouge, j'ai demandé à mon laquais, qui lit ordinairement pour moi, ce que c'étoit: le brutal m'est venu dire que c'étoit encore cette comédie dont tant de femmes m'avoient rompu la tête. J'y ai été; et vous voyez comme j'en reviens.

LA COUSINE.

C'est une chose qui crie vengeance, que le mauvais goût de Paris, et l'âpreté que l'on a en ce pays-ci pour les sottises. Je suis sûre que, si l'on jouoit cette comédie-là en province, en trente ans il n'y auroit pas un chat.

LE MARQUIS.

Bon! Paris n'est-il pas le magasin de l'impertinence? Il ne faut que les fesses d'un singe pour mettre tous les badauds en campagne. Pour moi, je crois qu'il faudra que je retourne encore plus de vingt fois à cette comédie-là pour y trouver le mot pour rire.

LA COUSINE.

Oh! Monsieur le Marquis, vous me feriez bien

plus de plaisir d'y retrouver ma bourse. Je n'ai jamais acheté un chagrin si cher. L'impertinente scène que celle de ce Docteur qui recommande le silence, et qui parle toujours !

LE MARQUIS.

Fi, fi ! vous dis-je.

LA COUSINE.

Ce qui me console de mon argent, c'est qu'il faut que Colombine crève sous ce rôle-là ; elle n'a pas encore huit jours dans le ventre.

LE MARQUIS.

Ah ! Mademoiselle, désabusez-vous de cela ; jamais femme n'est morte de trop parler. Et que dites-vous, s'il vous plaît, de ce fat de Vicomte, avec ses boutons à jouer à la boule, et cette valise en forme de manchon ?

LA COUSINE.

Je dis qu'il est tout aussi sot que son rôle.

LE MARQUIS.

J'enrage quand je vois le parterre s'efflanquer de rire à des sottises qui n'ont pas le sens commun. Il faut avouer que l'auteur est un brutal parrain, d'avoir nommé Bergamotte le héros de la pièce ; encore pour du tabac, je lui pardonnerois.

LA COUSINE.

Il y a comme cela cent endroits dans la pièce qui

me font presque vomir. On ne laisse pas de s'égosiller de rire; comme, par exemple, *le tuyau d'orgue*, *la fille de hasard*, *le cheval de louage*, et cette autre innocente qui va dire à son père que si son apothicaire ne lui donne que quarante-cinq ans, c'est qu'il ne le voit que par derrière.

LE MARQUIS.

Quelle grossièreté, d'aller mettre le derrière d'un vieillard sur la scène! A la fin, je ne sais ce que l'on n'y verra point. Fi! vous dis-je; misère! ne parlons plus de cela. Mais où diable vous étiez-vous nichée? car j'ai feuilleté toutes les loges pour vous trouver. Apparemment, à cause de la presse, vous vous serez mise au parterre.

LA COUSINE.

Hélas! nous avons été trop heureuses de voir la comédie de chez le limonadier.

LE MARQUIS.

M'avez-vous vu serpenter sur le théâtre? Ma foi, je ne fais pas mal la roue quand je me donne au public.

LA COUSINE.

Je ne vous ai point vu, car il y avoit tant de monde.... Mais je ne comprends pas quel plaisir prennent certaines personnes à être toujours derrière les acteurs.

LE MARQUIS.

Vous moquez-vous? C'est le bel air, et les gens de qualité ne voient plus la comédie que par le dos.

LA COUSINE.

De quelque côté que l'on voie cette damnée pièce-là, elle est affreuse par tous les endroits.

LE MARQUIS.

Hé! avez-vous remarqué, quand les tableaux ont paru, comme je me suis tenu ferme au milieu du théâtre, en dépit des sifflets? Voilà, morbleu! ce qui s'appelle faire bouquer le parterre.

LA COUSINE.

Eh! pourquoi un homme de qualité comme vous veut-il se brouiller avec tout un parterre? Écoutez, c'est un dangereux ennemi; je le craindrois plus avec ses sifflets, que bien des marquis avec leurs épées.

LE MARQUIS.

Bon, bon! un homme qui a séance sur le théâtre ne fait point de comparaison avec des gens qui entendent la comédie debout. Mais voilà le souper.

SCÈNE V.

LA COMTESSE, CLAUDINE, LES PERSONNAGES PRÉCÉDENTS.

CLAUDINE, tenant un bassin.

Allons, Messieurs, ne voulez-vous point laver?

LA COMTESSE.

Quand je suis grosse, je ne lave jamais; cela m'enrhume.

CLAUDINE, au Marquis, qui badine avec elle.

Je vous jetterai l'aiguière par le nez.

LA COUSINE.

Eh bien! ma cousine, comment vous trouvez-vous de votre vapeur de couche?

LA COMTESSE.

Cela est passé; je suis raffermie.

NIVELET.

Ma foi, Madame, ne nous faites plus de ces frayeurs-là; j'ai cru que vous nous serviriez votre enfant sur table.

(On se met à table.)

LE MARQUIS.

Pour moi, je ne saurois manger; j'ai fait cinq ou six repas aujourd'hui, dont le moindre a duré quatre heures.

SCÈNE VI.

BONAVENTURE, LES PERSONNAGES PRÉCÉDENTS.

LA COUSINE.

Que monsieur Bonaventure vient à propos ! Il n'y avoit point de temps à perdre.

LE MARQUIS.

Diable ! comme il sent son avoine !

BONAVENTURE.

Pour l'ordinaire, Mademoiselle, je suis assez ponctuel au repas ; mais, pour ce soir, deux mille carrosses m'ont barré depuis l'Hôtel de Bourgogne jusqu'ici.

LA COUSINE.

C'est-à-dire que vous venez de la Comédie Italienne ; car c'est la rage de Paris. Oh çà, dites-nous-en quelque chose : il n'y a point d'homme qui raconte si bien que vous.

BONAVENTURE.

Ah ! Mademoiselle, je fais gloire d'obéir à vos ordres ; mais il est bien difficile de parler et de souper tout ensemble, et j'ai grand' faim.

LE MARQUIS.

Les habiles gens trouvent du temps pour tout.

SCÈNE VI. 263

Quand j'étois bel esprit, cadédis! j'étois quelquefois quatre jours sans souper.

BONAVENTURE.

Et moi, quand j'étois Gascon, lorsque l'on me donnoit un repas, c'étoit pour toute ma semaine.

LA COMTESSE, à Bonaventure.

Dites-nous donc quelque chose, Monsieur.

BONAVENTURE.

Il n'y a que deux mots. Le sujet de la pièce, c'est qu'il y a deux filles, dont l'une est cadette. A cette heure, ces deux filles,.... parce que leur père, M. Brocantin, est un curieux;.... cela fait que la petite voudroit bien être mariée.

LA COUSINE.

Oh! vous voilà dans le fil de l'histoire.

BONAVENTURE.

Bon! de toute une comédie, je n'en perdrois pas un mot. Cette fille donc, c'est l'aînée, ne veut point d'un médecin nommé M. Bassinet. Or, il y a là-dedans un garçon qu'on appelle Pierrot; et puis il survient un Vicomte avec un singe, qui est le plus beau rôle de la pièce.

LE MARQUIS.

C'est-à-dire que le singe épouse M. Brocantin.

BONAVENTURE.

Point du tout. M. Brocantin, c'est le père des

filles; mais il y a là un nommé Octave qui est un drôle;.... avec cela, deux filous....

LE MARQUIS.

Ah! j'entends, j'entends. Octave, c'est le prévôt qui poursuit les filous.

BONAVENTURE.

Oh! ce n'est point cela. Qui diable vous parle de prévôt? Vous n'avez donc pas été à cette comédie-là?

LE MARQUIS.

Est-ce que je m'amuse à voir une comédie? Je suis toujours dans les coulisses à badiner avec les actrices; mais j'ai envoyé mes porteurs au parterre, qui m'ont dit que la pièce ne valoit pas le diable. On peut les en croire, car ce sont, ma foi, les meilleurs porteurs de Paris.

BONAVENTURE.

Et moi, je vous dis qu'elle est fort bonne. Au commencement, il y a trois robes de chambre qui font le sujet de la comédie; et comme ça, à la fin, le prince des Curieux fait le dénoûment, avec un perroquet; et je vous soutiens que voilà le sujet de droit fil.

LA COUSINE.

Il faut que monsieur Bonaventure n'en ait vu que le quart.

SCÈNE VI.

BONAVENTURE.

A vous dire le vrai, les gens de qualité qui combloient le théâtre m'en ont caché deux actes : mais je n'y ai rien perdu ; leurs airs et leurs façons valent bien la comédie.

LE MARQUIS, à Claudine.

Allons, fille, le fruit.

BONAVENTURE, à Claudine, qui veut desservir.

Tout beau ! je n'ai pas encore commencé.

CLAUDINE.

Oh ! dame, Monsieur, dans une auberge, on n'engraisse pas à faire des récits.

LA COUSINE.

Vous vous racquitterez sur le dessert.

BONAVENTURE.

Je suis votre serviteur, Mademoiselle ; je ne me coucherai pas bredouille ; il me faut de la viande.

LE MARQUIS, à Bonaventure.

Oh ! cela est juste. Tenez, allez vous mettre au lit avec cela.

(Il lui donne un manche d'éclanche.)

BONAVENTURE.

Comment donc ! est-ce que vous me prenez pour un chien, beau Marquis de bale affamé ? Il n'y a que deux jours qu'il est ici ; il faut voir comme l'auberge est amaigrie !

LE MARQUIS.

Hé! l'ami, les épaules vous démangent.

BONAVENTURE.

Comment! à moi, petit hobereau?

(Le Marquis lui jette une poignée de salade au nez : Bonaventure renverse la table ; le Marquis tombe le nez dans un plat de crême.)

LA COUSINE.

Vous avois-je pas bien dit, ma cousine, que cette enragée de comédie-là nous porteroit guignon?

LA COMTESSE.

Ah! ma cousine, jamais je ne porterai mon fruit à terme.

FIN DE LA CRITIQUE DE L'HOMME A BONNES FORTUNES.

LES

FILLES ERRANTES,

ou

LES INTRIGUES

DES HÔTELLERIES,

COMÉDIE.

AVERTISSEMENT

DE L'ÉDITEUR,

SUR LES FILLES ERRANTES.

Cette comédie a été représentée, pour la première fois, le 24 août 1690.

Isabelle est une fille de famille, qui a été séduite par Cinthio : l'indigence l'a contrainte d'entrer au service d'Arlequin, sous le nom de *Claudine*. Colombine a été aussi trompée par Octave, qui lui a fait une promesse de mariage; elle va à la poursuite de cet amant, et se trouve avec Cinthio dans l'hôtellerie d'Arlequin. Cinthio cherche à la séduire; mais il est reconnu et surpris par Isabelle. Celle-ci intéresse Arlequin à son sort; ils imaginent ensemble plusieurs fourberies, et parviennent enfin à déterminer Cinthio à l'épouser. On ne sait ce que deviennent Colombine et Octave. Les scènes de Croquignolet et du Capitaine hollandois sont absolument épisodiques.

Tel est à peu près le canevas sur lequel est composée la comédie des Filles errantes, qui a été aussi donnée sous le titre des Intrigues

DES HÔTELLERIES. On sent combien deux filles telles que Colombine et Isabelle sont peu intéressantes ; elles courent l'une et l'autre après un amant qui les a trompées et qui les méprise. Colombine oublie bientôt l'amant qu'elle poursuit, pour prêter l'oreille aux fleurettes de Cinthio ; elle avoue elle-même à Isabelle (Scène III du second acte) que si elle n'eût appris son infidélité, elle se seroit rendue. Isabelle est traitée par Cinthio avec le dernier mépris ; il lui reproche assez ouvertement sa conduite (Scène II du second acte), en parlant d'elle sous l'équivoque d'une poularde : « Je sais qu'on la présente à tout ve-
« nant ; on l'a déjà servie sur vingt tables diffé-
« rentes, et je ne suis pas homme à m'accommo-
« der du reste de toute la terre. » La licence qui régnoit sur le théâtre italien pouvoit seule faire passer de pareils traits.

Quoi qu'il en soit, les scènes françoises que nous avons recueillies sont remplies des traits de la meilleure plaisanterie, et le dialogue est d'un comique digne de Regnard. Le caractère épisodique de Croquignolet est original et plaisant, même après le Pourceaugnac de Molière. Le récit de la bataille de Fleurus est très-comique.

Nous avons rassemblé plusieurs scènes qui n'ont point été recueillies par Gherardi, et que nous

AVERTISSEMENT.

avons trouvées éparses dans différents recueils; mais la négligence avec laquelle ces scènes ont été imprimées, les fautes qu'y ont laissé glisser les Éditeurs, nous ont déterminé à n'en donner que des extraits. Ces scènes, sans être aussi plaisantes que celles que Gherardi a conservées, nous paroissent nécessaires pour l'intelligence de l'intrigue : ce sont les six premières du premier acte.

Les auteurs du Dictionnaire des théâtres (1) nous apprennent que cette comédie a été reprise deux fois; la première, le lundi 13 mars 1719, telle qu'on la donnoit à l'ancien théâtre, avec des scènes françoises; la seconde, le mardi 30 janvier 1753, sous le titre de LA FILLE ERRANTE, entièrement en italien, et dépouillée des scènes françoises. Ces auteurs observent à cette occasion que la pièce étoit originairement tout italienne, et que depuis, Regnard y a ajouté des scènes françoises : nous en doutons cependant, et nous avons cherché inutilement ce canevas italien, qui n'est point au nombre de ceux que les Italiens ont joués depuis leur établissement à Paris jusqu'au moment où ils ont obtenu la permission d'entremêler dans leurs pièces des scènes françoises.

---

(1) Dictionnaire des théâtres, par MM. Parfait, t. VII, supplément, p. 522 et 527.

PERSONNAGES.

ARLEQUIN, aubergiste.
CINTHIO.
ISABELLE, amante de Cinthio, sous le nom de Claudine, servante d'Arlequin.
MEZZETIN.
COLOMBINE, sœur de Mezzetin.
PIERROT, valet d'Arlequin.
M. CROQUIGNOLET, avocat, *Mezzetin*.
PASQUARIEL.
Le Valet de Croquignolet, *Arlequin*.
Un Capitaine hollandois, *Mezzetin*.
Spadassins.

La scène est à Paris.

LES FILLES ERRANTES,
COMÉDIE.

ACTE PREMIER.
SCÈNES FRANÇOISES.

SCÈNE PREMIÈRE.
CINTHIO, COLOMBINE.

Cinthio et Colombine arrivent ensemble à l'hôtellerie d'Arlequin. Colombine fait part à Cinthio de l'infidélité d'Octave, et de l'embarras où elle se trouve en voyageant seule. Cinthio tâche de la rassurer, offre de l'accompagner, et lui persuade de se faire passer pour sa sœur. Il frappe à la porte d'Arlequin.

SCÈNE II.
CINTHIO, COLOMBINE, ARLEQUIN.

Arlequin répond quelque temps sans paroître, et donne, dans l'intérieur de sa maison, des ordres extravagants : enfin, il entre sur la scène. Cinthio lui demande deux chambres voisines l'une de l'autre, pour lui et pour Colombine, qu'il fait passer pour sa sœur. Arlequin a quelques soupçons sur cette parenté, et le témoigne par des questions plaisantes; enfin, il appelle sa servante : c'est Isabelle sous le nom de Claudine.

SCÈNE III.

ARLEQUIN, CINTHIO, COLOMBINE, ISABELLE, en servante, sous le nom de Claudine.

ISABELLE.

Que vous plaît-il, monsieur?

ARLEQUIN.

Écoute, Claudine; voici un gentilhomme qui vient loger chez moi avec sa sœur; il faut que tu leur donnes deux chambres l'une contre l'autre.

ISABELLE, reconnoissant Cinthio.
(à part.)

Ciel! que vois-je? Cinthio avec une autre que moi, qu'il fait passer pour sa sœur!

ARLEQUIN.

Claudine, tu ne me réponds point.

ISABELLE, à part.

Le traître! il ne fait pas semblant de me connoître. J'ai tout quitté pour le chercher, et il ne daigne pas seulement me regarder.

ARLEQUIN.

M'entends-tu, Claudine? Ce gentilhomme vient loger chez moi; il lui faut deux chambres l'une auprès de l'autre. Entends-tu bien?

ISABELLE, toujours à part.

Est-ce là le prix de tant d'amour? Ingrat! devois-je être traitée de cette manière?

ARLEQUIN.

Que la peste te crève! Claudine, me répondras-tu à la fin?

ISABELLE.

Je vous demande pardon, Monsieur; ce sont des vapeurs dont je suis attaquée, et je ne sais ce que je dis. (à part.) Tu m'abandonnes, scélérat! et tu n'oses arrêter sur moi tes regards.

ARLEQUIN, impatienté.

Ah! je te casserai, ma foi, la gueule, et je ferai bien passer tes pestes de vapeurs. Je te dis qu'il faut deux chambres l'une contre l'autre. M'entends-tu, à cette heure? Dis donc, parle.

ISABELLE.

Oui, Monsieur, je vous entends : vous pouvez vous en aller; je vais accommoder tout cela.

SCÈNE IV.

CINTHIO, COLOMBINE, ISABELLE.

CINTHIO, à Colombine.

Allons, ma sœur, entrez.

COLOMBINE, considérant Isabelle.

Voilà une fille qui me semble bien surprise !

(Elle entre.)

SCÈNE V.

CINTHIO, ISABELLE.

ISABELLE, arrêtant Cinthio qui veut entrer.

Cinthio ?

CINTHIO.

Que voulez-vous ?

ISABELLE.

Vous ne me dites rien ?

CINTHIO.

Je n'ai rien à vous dire.

ISABELLE.

Vous ne reconnoissez pas Isabelle ?

CINTHIO, entrant brusquement.

Vous, Isabelle ? Je ne vous connois point.

SCÈNE VI.

ISABELLE, seule.

Tu me méprises, perfide! mais je saurai me venger.

(Elle entre dans l'hôtellerie.)

SCÈNE VII.

MEZZETIN, PIERROT, COLOMBINE.

MEZZETIN, apercevant Colombine.

Que vois-je, Pierrot? Ai-je la berlue? Oui..... non..... si fait : c'est elle ; c'est ma sœur.

PIERROT.

Votre sœur? Je n'en crois rien, Monsieur, si je n'y touche.

MEZZETIN.

C'est elle-même. Et que faites-vous donc ici, Madame la coureuse?

COLOMBINE.

Ah! mon frère, ne vous emportez point; je vous dirai.....

MEZZETIN.

Et que me diras-tu, effrontée? Tiens, il me

prend envie de faire une capilotade de ton foie, de ta fressure, de ton gésier.

COLOMBINE.

Mon pauvre Pierrot !....

PIERROT.

Mon pauvre Pierrot ! Votre frère a raison ; j'aime l'honneur, moi ; et je ne veux pas qu'une fille coure le guilledou.

MEZZETIN.

Parle donc ; dis-moi, quelle raison as-tu eue de sortir de la maison paternelle, carogne, carognissime ?

PIERROT.

Voulez-vous parier, Monsieur, que c'est l'amour qui l'a mise en campagne ? Les filles sont des vaisseaux qui ne vont d'ordinaire que de ce vent-là.

COLOMBINE.

Je vous dirai, mon frère, que, sitôt que vous fûtes parti, il vint un jeune cavalier, le plus civil du monde, demander à loger dans notre hôtellerie : pour ne pas paroître moins civile que lui, je lui fis toutes les honnêtés dont j'étois capable. Aussi pourquoi me laissez-vous seule ?

(Elle pleure en disant ces derniers mots.)

PIERROT.

Je vous l'ai toujours dit, Monsieur ; il faut de la

ACTE I, SCÈNE VII.

compagnie aux filles, quand ce ne seroit qu'un manche à balai.

MEZZETIN.

Hé bien ?

COLOMBINE.

Sitôt qu'il fut arrivé, il me pria, mais le plus honnêtement du monde, de lui donner une chambre. Pour lui faire plaisir, je le menai moi-même, par civilité, dans la belle chambre qui est de plain-pied à la cour.

PIERROT.

Par civilité?

COLOMBINE.

Par civilité. Mais il ne voulut point y demeurer, appréhendant qu'elle ne fût malsaine, à cause de l'humidité.

MEZZETIN.

Il avoit raison.

COLOMBINE.

Voyant qu'il faisoit difficulté de rester dans cette chambre-là, et qu'il étoit si civil, je le conduisis dans une autre, qui donne sur la rue, au-dessus de l'écurie.

PIERROT.

Par civilité?

COLOMBINE.

Par civilité. Il me témoigna encore qu'il ne

pourroit pas y coucher, à cause qu'étant fatigué et ayant besoin de repos, les chevaux pourroient interrompre son sommeil pendant la nuit.

MEZZETIN.

Ouais ! voilà un homme bien difficile à coucher.

PIERROT.

Peut-être pas tant que vous pensez.

COLOMBINE.

Je trouvai qu'il n'avoit pas mauvaise raison; car quand on repose, comme vous savez, on n'est pas bien aise d'être interrompu. Voyant donc qu'il avoit besoin de repos, et qu'il continuoit toujours avec les manières les plus civiles du monde, je me crus obligée de le mettre dans un lieu éloigné du bruit : vous savez que ma chambre est au bout du jardin ; je l'y menai.

PIERROT.

Par civilité?

COLOMBINE.

Assurément. Est-ce que tu ne l'aurois pas fait à ma place, dis, Pierrot?

PIERROT.

Sans doute, et j'enragerois qu'un autre fût plus civil que moi.

MEZZETIN.

Voilà du civil qui pourroit bien nous mener au criminel.

COLOMBINE.

Il trouva que ma chambre l'accommodoit assez, et me fit entendre qu'il seroit ravi d'y rester. Je lui dis aussitôt que, puisque cet endroit lui plaisoit, j'y ferois mettre un lit pour lui à côté du mien.

PIERROT.

Par civilité?

COLOMBINE.

Comment l'entendez-vous donc? Mais comme il est extrêmement honnête, il refusa l'offre que je lui faisois, de peur de m'incommoder, et dit qu'il ne souffriroit point que ma chambre fût embarrassée pour l'amour de lui, et qu'il coucheroit plutôt dans l'écurie que de me causer la moindre incommodité.

PIERROT.

Oh! dans une écurie! Le pauvre jeune homme! Cela me fait pitié.

COLOMBINE.

Son honnêteté me fendit le cœur : une fille n'est pas de bois ; et voyant que ma chambre lui plaisoit si fort, je lui dis... mais vous allez vous fâcher.

MEZZETIN.

Non, non....

COLOMBINE.

Je lui dis... Me promettez-vous que vous ne vous mettrez pas en colère?

PIERROT.

Ouf! gare la civilité!

COLOMBINE.

Je lui dis qu'il n'avoit qu'à se coucher dans mon lit.

PIERROT.

Par civilité? Ma foi, Monsieur, vous avez là une sœur bien élevée.

MEZZETIN.

Oh! ma sœur sait vivre ; ce n'est pas là un grand malheur..... Tu allas coucher dans une autre chambre ?

COLOMBINE.

Bon! je n'en fus pas la maîtresse : il ne voulut jamais permettre que je m'incommodasse pour l'amour de lui ; il dit qu'il seroit au désespoir de m'avoir découchée, et...

PIERROT.

Que voilà un garçon bien honnête!

MEZZETIN.

Comment donc! qu'est-ce que cela veut dire ?

COLOMBINE.

Il me dit qu'il y avoit long-temps qu'il m'aimoit, qu'il vouloit être mon mari; et il m'en donna sa promesse, que j'ai encore.

ACTE I, SCÈNE VII.

MEZZETIN.

Ah, malheureuse! Faut-il, juste ciel!... Mais tu n'échapperas pas à ma vengeance, et....

PIERROT.

Allez, Monsieur, un bon mariage raccommodera tout cela.

COLOMBINE.

Je ne vois pas qu'il y ait un grand mal de coucher avec son mari.

MEZZETIN.

Il faut tâcher de remédier à tout ceci. (A Colombine.) Entrez dans cette hôtellerie-là, et prenez garde de dire que vous me connoissez.

SCÈNE VIII.

PIERROT, seul.

MA foi, je n'en saurois revenir : voilà une fille bien civile. Donner jusqu'à la moitié de son lit à un garçon; la pauvre enfant! la pauvre enfant!

(Il y a ici quelques scènes italiennes.)

SCÈNE IX.

M. CROQUIGNOLET; SON VALET, portant un sac de nuit sur son épaule.

LE VALET. (1)

Parbleu ! Monsieur, je ne puis plus aller; j'ai les fesses tout écorchées. La peste soit du voyage ! On vous envoie solliciter un procès, et vous allez voir l'armée.

M. CROQUIGNOLET.

C'est que j'ai le cœur martial.

LE VALET.

Je crois que M. Croquignolet votre père et madame Croquignolet votre mère vont être bien surpris, quand ils verront arriver dans leur boutique M. Mathurin Blaise Croquignolet, leur fils l'avocat, qui vient de Flandre.

M. CROQUIGNOLET.

Oh ! je le crois.

LE VALET.

Tous les badauds du quartier vont venir fondre dans votre boutique, pour savoir de vous des nouvelles du combat.

---

(1) Gherardi jouoit ce rôle à visage découvert.

M. CROQUIGNOLET.

Cela est assez drôle, dà! à un jeune praticien comme moi, d'avoir déjà vu une bataille contradictoire, et d'en être revenu sain et entier.

LE VALET.

Oh! parbleu, Monsieur, vous pouvez aller à toutes les occasions du monde comme à celle-là, je vous suis garant que vous n'y serez jamais blessé.

M. CROQUIGNOLET.

Il y faisoit pourtant chaud.

LE VALET.

Cela est vrai; mais vous preniez le frais sur le mont Pagnotte, à trois bonnes portées du canon.

M. CROQUIGNOLET.

Je n'y allois pas pour m'y faire tuer. Quelque niais!... Cela n'auroit pas été honnête à moi d'y mourir, et j'aurois enragé le reste de ma vie si j'étois mort là comme un sot.

LE VALET.

Oh! vous avez raison. Mais, Monsieur, gagnons pays, s'il vous plaît; allons vite chez votre père, visiter son vin de Bourgogne; car je sens que j'ai besoin de forces.

M. CROQUIGNOLET.

Ho! je n'ai garde de descendre chez mon père.

LE VALET.

Et d'où vient?

M. CROQUIGNOLET.

On m'a mandé à l'armée que ma grande sœur Toinon avoit la petite-vérole, et je ne serois pas bien aise d'en être marqué.

LE VALET.

C'est morbleu bien fait, de conserver votre teint; et il seroit fâcheux qu'un jeune homme que le canon a respecté, fût exposé au caprice d'une maladie aussi insolente. Entrons donc dans la première hôtellerie. Je crois que voilà notre affaire....
(Il frappe à la porte d'Arlequin.) Holà !

SCÈNE X.

M. CROQUIGNOLET, SON VALET, ISABELLE, sous le nom de Claudine.

ISABELLE.

Bonjour, Messieurs, que vous plaît-il ?

LE VALET.

Allons, ma fille, une chambre, du feu et grand'-chère. Je m'arrête volontiers où il y a bon vin et jolie servante.

ISABELLE.

Messieurs, vous allez avoir tout ce qu'il vous faut : on ne manque de rien chez nous.

M. CROQUIGNOLET.

Allons, ma fille, viens me débotter.

(Il présente son pied botté à Isabelle.)

ISABELLE, le repoussant.

Vous débotter! Pardi, Monsieur, cherchez vos débotteuses; ce n'est pas là mon affaire.

M. CROQUIGNOLET.

Est-ce que tu n'es pas aussi le valet d'écurie?

LE VALET.

Monsieur, voilà une dondon qui me paroît assez résolue; mais il me semble qu'elle vous saboule un peu.

M. CROQUIGNOLET.

La friponne est ma foi jolie. Viens çà, ma fille; es-tu mariée?

ISABELLE.

Non, Monsieur, Dieu merci; à moi n'appartient pas tant d'honneur : l'année n'est pas bonne pour les filles; tous les garçons sont à la guerre.

LE VALET.

En voilà pourtant encore un qui n'y est pas. Si cette friponne-là vouloit, nous aurions bientôt conclu l'affaire.

M. CROQUIGNOLET.

Je sens quelque chose.... là, qui me chatouille.... Hé!... tu m'entends bien?

ISABELLE hausse les épaules.

Voilà un vrai niquedouille.

LE VALET, bas à Isabelle.

C'est un Nicodême qui n'a pas le sens commun.

M. CROQUIGNOLET, lui faisant des mines.

Si tu voulois un peu, pour me délasser de mes exploits guerriers.... J'ai de l'argent, oui.

ISABELLE.

Bon! me voilà bien chanceuse avec votre argent! ce n'a jamais été ça qui m'a tenté : j'aime mieux un homme qui me plaît que tous les trésors du monde; et, si vous voulez que je vous parle franchement, j'aimerois mieux votre valet que vous.

LE VALET.

La coquine est ma foi de bon goût. Allons, Monsieur, retirez-vous; ce n'est pas là de la viande pour vos oiseaux.

M. CROQUIGNOLET s'approche d'Isabelle.

Sais-tu bien, petite scélérate, que je viens de l'armée?

ISABELLE.

Vous, de l'armée! Vous voilà plaisamment fagotté, avec votre habit noir! C'étoit donc vous qui portiez les billets d'enterrement des Hollandois qu'on y a tués?

M. CROQUIGNOLET.

Comment, morbleu! si quelqu'un en doutoit,

je lui ferois bien voir ce que c'est que Mathurin Croquignolet, volontaire en pied, suivant l'armée.

LE VALET.

Et avocat en parlement.

ISABELLE.

Oh! vous êtes un valeureux personnage! Je crois qu'il ne faudroit encore qu'un Mathurin Croquignolet pour faire fuir tous les poulets de notre basse-cour.

M. CROQUIGNOLET.

Cette friponne-là n'est pas prévenue de mon mérite.... Je suis pourtant un drôle avec les filles....

(Il veut badiner.)

ISABELLE.

Je vous prie, Monsieur, encore une fois, de vous tenir en repos; je n'aime pas à être tarabustée. Si vous voulez entrer chez nous, voilà la porte ouverte; sinon, je suis votre très-humble servante.

(Elle veut rentrer dans l'auberge.)

M. CROQUIGNOLET, l'arrêtant.

Je ne saurois la quitter. Le joli bouchon!

SCÈNE XI.

M. CROQUIGNOLET, son valet, ISABELLE, CINTHIO.

CINTHIO *sort précipitamment de l'auberge, et repousse Croquignolet.*

En vertu de quoi, Monsieur, s'il vous plaît, prenez-vous des familiarités avec cette fille-là ?

M. CROQUIGNOLET.

En vertu de quoi ?... En vertu que c'est mon plaisir.

CINTHIO.

C'est votre plaisir ! Croyez-moi, mon petit visage botté, ne m'échauffez pas les oreilles ; car je pourrois prendre le mien à telle chose qui vous déplairoit fort.

M. CROQUIGNOLET.

Monsieur, on ne traite pas comme cela un gentilhomme parisien, qui revient de Flandre.

CINTHIO.

Vous, de Flandre ?

LE VALET, *qui s'étoit caché, se rapproche.*

Je veux que le diable m'emporte si nous n'en venons, et du camp de Fleurus.

ACTE I, SCÈNE XI.

CINTHIO.

Cet homme-là ?

(Il lui montre Croquignolet.)

M. CROQUIGNOLET, se carrant.

Eh ! non, nous n'y étions pas, quand notre général fit signifier un avenir aux ennemis ! Ils ne comparurent pas le dernier juillet, à une heure de relevée, pour plaider sur le champ de bataille ! Eh ! non, non, nous n'y étions pas !

CINTHIO.

Oh, ho ! voilà un style de guerre tout nouveau.

M. CROQUIGNOLET.

La cause fut appelée, qui dura plus de huit heures ; mais en vertu de bonnes pièces de canon, dont nous étions porteurs, nous fîmes bien vite déguerpir l'ennemi. Il voulut deux ou trois fois revenir par appel ; mais il fut toujours débouté de son opposition, et condamné en tous les dépens, dommages et intérêts, et aux frais, morbleu ! aux frais.... Eh ! y étions-nous ? Eh ! non, non ; c'est que je me moque !

CINTHIO.

Voilà, je vous l'avoue, un plaisant récit de combat. Je vois bien, Monsieur, que vous avez vu la bataille dans quelque étude de procureur.

LE VALET.

Je vais vous raconter cela bien mieux que mon

maître; car, entre nous, c'est un dadais. Premièrement, voilà les ennemis, et nous voilà. Le combat commença par les tambours; à l'instant nous fîmes avancer nos vivandiers : les ennemis voyant cela, détachèrent cinq escadrons de leurs meilleurs voiliers. Oh! c'étoit là où nous les attendions, car aussitôt on lâcha toutes les galères pour enfoncer leur demi-lune.... Après cela, la mousqueterie, pif, paf. Ha! je suis mort.... Les brûlots.... les canons.... les trompettes, qui étoient chargées à cartouches; pan, bedon.... don....; les.... Je ne saurois vous dire le reste; car la fumée du canon m'empêcha de le voir.

CINTHIO.

Voilà qui est le plus joli du monde. Mais je vous prie, Monsieur le vivandier, et vous, mon petit clerc de procureur, de passer votre chemin, et de ne pas regarder derrière vous : m'entendez-vous ?

M. CROQUIGNOLET, faisant le brave.

Monsieur, prenez garde à ce que vous faites; si vous m'insultez....

(Il prend son épée et la lève.)

CINTHIO met la main à la sienne.

Hé bien?

M. CROQUIGNOLET.

Vous aurez affaire à mon valet.

(Il se cache derrière son valet.)

LE VALET.

Oh! ma foi, il aura bien affaire à vous; je ne suis pas obligé de me faire tuer à votre place.

CINTHIO.

Allez, mon petit ami, je ne daigne seulement pas vous répondre : mais si vous jetez seulement les yeux sur cette fille-là, je vous ferai mourir sous le bâton.

(En s'en allant, il donne de ses gants dans le nez de M. Croquignolet.)

SCÈNE XII.

M. CROQUIGNOLET, SON VALET.

M. CROQUIGNOLET.

Il s'en va pourtant.... Hé! que dis-tu à cela? Je ne lui ai pas mal rivé son clou.

LE VALET.

Ho! fort bien, Monsieur. Voilà ce que c'est que d'avoir été à l'armée.

FIN DU PREMIER ACTE.

ACTE SECOND.
SCÈNES FRANÇOISES.

SCÈNE PREMIÈRE.
ISABELLE, CINTHIO.

ISABELLE.

Eh bien, infidèle! me connois-tu présentement? Suis-je Isabelle que tu as trahie, que tu as obligée de quitter sa patrie pour venir te reprocher ton inconstance, et se déguiser sous un habit de servante?

CINTHIO.

Je vous dis encore une fois que je ne vous connois point. Isabelle n'est pas capable d'un pareil emportement, ni de se jeter à la tête de tout venant, comme moi-même tantôt je vous ai vue faire. Vous vous moquez de moi.

SCÈNE II.

ARLEQUIN, CINTHIO, ISABELLE.

ARLEQUIN.

Quel diable de bruit fait-on ici? On diroit que le diable emporte la maison. Il me semble, Monsieur, que vous pressez de près ma servante. Croyez-vous donc que l'on soit obligé de vous tenir hôtellerie de filles? Ma foi, c'est pour votre nez qu'on vous en garde!

CINTHIO.

Oh, oh! voilà un hôte bien rébarbatif; je vois bien que cet homme-ci ne parle d'ordinaire qu'à des chevaux. Monsieur, c'est un petit différend que j'avois avec Claudine; je lui demandois quelque ustensile dont j'avois besoin.

ARLEQUIN.

Comment donc, Monsieur, pour qui prenez-vous ma servante? Je vous prie de croire que ce n'est pas un ustensile.... Ouais!

CINTHIO.

Sans tant de bruit, voyons, Monsieur, ce que je vous dois. Quand vous voudrez tenir hôtellerie, faites provision de servantes qui considèrent les gens de qualité.

ARLEQUIN.

Comment donc, coquine! d'où vient que Monsieur se plaint de vous? Ne vous ai-je pas dit qu'une servante d'hôtellerie doit être douce et avenante aux étrangers?

CINTHIO.

Hé! Monsieur, elle ne l'est que trop.

ARLEQUIN.

Comment! elle ne l'est que trop! Ce n'est pas d'aujourd'hui que je m'en doute. Voyez-vous la carogne, comme elle est brave! Je ne l'avois prise que pour servir à la cuisine; mais je vois bien que la friponne ne s'en tient pas là.

ISABELLE.

Si je suis brave, ce n'est pas à vos dépens. Est-ce que vous voulez que j'aille toute nue?

ARLEQUIN.

Oui, je le veux. Une fille ne gagne pas tant d'argent à ne faire que des lits dans une hôtellerie.

ISABELLE, à part.

Il faut se tirer d'affaire. (haut.) Et qu'ai-je donc fait pour faire tant de bruit? Ce beau Monsieur-là est bien plaisant d'amener des filles dans notre hôtellerie pour le servir, et emporter tous nos profits!

ARLEQUIN.

Comment donc? est-ce qu'il y a un peu de gravelure à son fait?

ACTE II, SCÈNE II.

ISABELLE.

Il dit que c'est sa sœur. Hé! oui, voilà encore une belle parenté! Il ne passe point de Monsieur dans l'hôtellerie dont je ne puisse bien être de même la sœur, si je voulois m'en donner la peine. Oh bien! Monsieur, je ne veux point souffrir qu'une autre prenne ma place.

ARLEQUIN.

Claudine a raison, Monsieur, cela ne se fait point : quand il y a une servante dans une hôtellerie, on ne doit se servir que d'elle ; et d'ailleurs Claudine est très-habile *in utroque*, c'est-à-dire qu'elle fait aussi bien une chambre qu'un ragoût.

CINTHIO.

Je conviens, Monsieur, qu'elle sait parfaitement bien son métier de fille ; mais c'est une petite imprudente, qui sert au premier venu ce qu'elle ne devroit servir qu'à moi seul. N'ai-je pas lieu de me plaindre?

ARLEQUIN.

Assurément, elle a tort. Je vous dirai cependant, Monsieur, qu'on est ici fort exact à donner aux compagnies ce qu'elles demandent. Tout à l'heure encore, je n'ai pas voulu donner au coche un chat de garenne que le messager avoit retenu. D'où vient donc, coquine, que vous faites de ces impertinences-là?

ISABELLE.

Moi, servir à un autre ce que je vous ai promis? Dites plutôt, Monsieur, que vous n'avez pas voulu vous contenter de ce que vous aviez choisi vous-même, et que l'appétit vous est venu en mangeant.

ARLEQUIN.

Pardi, Monsieur, si vous êtes si fantasque, il n'y a pas moyen de vous contenter.

ISABELLE.

Voyez, je vous prie, si ce n'est pas assez pour le repas d'un homme seul : je lui présente une jeune poularde, tendre, grasse jusqu'au bout des ongles, comme moi; Monsieur n'est pas content; il en veut encore une autre.

ARLEQUIN.

Diable! Monsieur, comme vous y allez! Il ne faudroit encore qu'un homme comme vous pour mettre toute une rôtisserie à feu et à sang.

CINTHIO.

Hé! ne la croyez pas. Je me serois fort bien contenté de la poularde; je ne suis pas si grand mangeur : mais je sais qu'on la présente à tout venant; on l'a déjà servie sur vingt tables différentes, et je ne suis pas homme à m'accommoder du reste de toute la terre.

ARLEQUIN.

Ah! parbleu, Monsieur, prenez garde, s'il vous

plaît, à ce que vous dites ; je ne m'entends point à ce tripotage-là, et l'on ne sert chez moi que des viandes neuves. Parlez, a-t-on jamais vu manger ici la même poularde deux fois ?

ISABELLE.

Bon ! ne voyez-vous pas bien que Monsieur ne sait ce qu'il dit ? Jamais personne n'y avoit touché ; c'étoit une volaille délicate que j'avois pris soin d'élever, et que je nourrissois à la brochette avec autant de plaisir que si c'eût été moi-même ; elle faisoit envie de manger à tous ceux qui la voyoient, et cependant je ne la gardois qu'à Monsieur. Allez, cela est bien vilain de reconnoître si mal les soins que l'on prend pour vous.

ARLEQUIN.

C'est peut-être que vous n'aimez pas la viande bardée ; une autre fois on vous la fera larder.

CINTHIO.

Bardé, lardé, cela m'est indifférent : quand les choses sont bonnes, je les trouve telles ; je ne m'y laisse point attraper.

ISABELLE.

Il faudroit, pour satisfaire le goût de Monsieur, lui servir quelque vieille volaille racornie, quelque doyenne de basse-cour. Oh ! ce seroit là le moyen de gagner ses bonnes grâces.

ARLEQUIN.

Oh, parbleu! Monsieur, si vous aimez la viande coriace, nous vous en donnerons tout votre soûl.

CINTHIO.

Eh, Monsieur!

ARLEQUIN.

J'ai une oie qui me sert depuis trois mois à faire mes soupes; vous en aurez la fleur. Il n'y a point encore eu de postillon assez hardi pour mettre la dent dessus.

ISABELLE.

Voilà justement l'affaire de Monsieur.

ARLEQUIN.

Allons, taisez-vous; que je ne vous entende pas souffler; rentrez là-dedans. Je vois bien que Monsieur ne se connoît pas mieux en servantes qu'en poulardes : on vous mettra une aile de bœuf sur le gril.

(Scènes italiennes.)

SCÈNE III.

ISABELLE, COLOMBINE.

COLOMBINE.

Rien n'est plus vrai que ce que je vous dis. Ce gentilhomme, appelé Cinthio, qui vous aimoit, qui vous juroit un amour éternel, m'en a dit tout autant; et sans la connoissance que vous me donnez de son infidélité, je ne sais si dans la suite il ne m'auroit pas un peu écorné le cœur.

ISABELLE.

Est-il possible, Mademoiselle, que tant d'amour soit suivi de tant de perfidie? Non, je ne croirai jamais que les hommes soient infidèles jusqu'à ce point-là.

COLOMBINE.

Les hommes! c'est bien la plus maudite engeance!... Je ne sais qu'un secret pour n'en être point trompée; c'est de les tromper les premiers.

ISABELLE.

Le perfide! Après m'avoir engagé son cœur par une promesse de mariage!

COLOMBINE.

Promesse de mariage? Ah! je n'y croirai jamais. Trébuchet à dupes, trébuchet à dupes.

ISABELLE.

Il fut obligé de me quitter pour un duel, où il tua son ennemi : l'amour me fit voler sur ses pas; je suis venue à Paris; je me suis déguisée sous l'habit d'une servante, et sous le nom de Claudine. Je suis venue demeurer dans cette hôtellerie, où je l'ai revu avec plaisir, dans le temps que je devois l'oublier pour toujours ; mais hélas ! le moyen, quand on a le cœur sincère et qu'on n'est pas née scélérate !

COLOMBINE.

Oh ! il faut le devenir ; on ne fait rien en amour autrement ; et la vertu la plus nécessaire à une femme, dans le siècle où nous sommes, c'est un peu d'inconstance, assaisonnée quelquefois de perfidie.

ISABELLE.

D'où vient donc, Mademoiselle, qu'avec toutes vos connoissances, vous vous êtes laissé attraper comme une novice ? Car il me paroît, dans votre histoire, que vous avez été un peu maltraitée.

COLOMBINE.

J'avoue que je n'en ai pas été quitte à meilleur marché que vous ; mais je ne savois pas ce que je sais, et avec le temps je me rendrai encore plus connoisseuse.

ISABELLE.

C'est-à-dire, Mademoiselle, que vous ne prétendez pas en demeurer là, et que vous ne voulez pas être fille à une aventure.

COLOMBINE.

J'ai quitté Rome, comme vous, pour suivre un amant infidèle appelé Octave. Cinthio est venu à la traverse pour prendre parti sous mes étendards ;

et, si vous ne me l'aviez fait connoître pour un déserteur de profession, je ne sais si je ne l'aurois pas enrôlé. Dame! en temps de guerre on prend ce que l'on trouve.

ISABELLE.

Quel bonheur, Mademoiselle, de pouvoir changer si facilement! et que je serois contente si, pour me venger de mon infidèle, je le pouvois haïr autant qu'il le mérite.

COLOMBINE.

Ne vous embarrassez point de votre vengeance; remettez seulement vos intérêts entre les mains d'une coquette de ce pays-ci, dont il sera amoureux; je vous promets qu'elle le fera aller bon train.

ISABELLE.

Non, non; je ne me croirois pas assez vengée de m'en rapporter à une autre. Si une femme l'aimoit une fois, elle l'aimeroit toujours; et puis on n'est peut-être pas sujette au changement en France.

COLOMBINE.

Oh! l'on n'a garde! Vous ne savez donc pas que Paris est la boutique de la légèreté? il ne vient point d'étranger qui n'en emporte sa provision. Bon! je vous dis que c'est le magasin de toute l'inconstance qui se débite en Europe.

ISABELLE.

Est-il possible? Je ne l'aurois jamais cru. Hélas! quand un François dit qu'il vous aime, il vous le dit d'une manière si tendre et si passionnée, qu'il semble que son amour doive durer pour le moins vingt ans après sa mort.

COLOMBINE.

Vingt ans après sa mort!... Eh! oui.... Les femmes seroient trop heureuses, si leur tendresse duroit seulement vingt jours.

ISABELLE.

Vous me surprenez.

COLOMBINE.

La variété de leurs modes ne marque-t-elle pas l'inconstance de leur humeur? Aujourd'hui ils portent des perruques qui leur pendent jusqu'aux genoux, demain ils en auront d'autres qui ne leur passeront pas les oreilles; ils sont quelquefois habillés le plus simplement du monde, deux jours après il faut les chercher dans leurs dentelles et leurs rubans; tantôt ils sont serrés dans leurs habits et empaquetés comme des momies, et quelquefois une pièce de drap ne suffit pas pour leur faire une manche d'été: enfin, tout est girouette dans un François, depuis les pieds jusqu'à la tête.

ISABELLE.

Cela peut être vrai pour l'ajustement et la ma-

ACTE II, SCÈNE III.

nière de s'habiller; mais pour le cœur, je ne les crois point si sujets au changement.

COLOMBINE.

Oh! vous avez raison; ce sont des miroirs de fidélité. Voulez-vous que je vous représente un François qui veut surprendre la tendresse d'une jeune personne? Premièrement, je vous avertis que la braise n'est pas plus chaude. Ah! ma chère enfant! ma princesse! que de beautés! que de charmes! Les dieux ont-ils jamais rien fait d'aussi parfait que vous? Non, mon amour ne peut aller plus loin, et je suis au désespoir de n'avoir que des termes ordinaires pour vous l'exprimer. Voulez-vous que j'expire à vos pieds? Vous ne me dites rien. Il faut donc mourir, puisque votre cruauté l'ordonne! Là-dessus, on pleure, on laisse échapper un gros soupir, on se donne de la tête contre un coin de cheminée : il n'en faut pas davantage ; voilà une femme dans la nasse.

ISABELLE.

Mais vraiment, je le crois bien; un homme qui s'explique de la sorte est fort aimable. Le moyen de résister à ces gros soupirs-là! J'avoue qu'il ne m'en faudroit pas beaucoup d'un pareil style pour me persuader. Je sens que j'ai le cœur françois.

COLOMBINE.

Voilà qui est le plus joli du monde; mais regardons le revers de la médaille. Je m'en vais vous faire voir un François sur son retour de tendresse, c'est-à-dire, huit jours après la déclaration.

ISABELLE.

Voyons.

COLOMBINE passe de l'autre côté, et contrefait l'amant et la maîtresse alternativement.

Ma foi ! Madame, je suis bien las de vos manières ; je ne viens pas chez vous que je n'aie quelque sujet de chagrin. — Vous y venez si peu, Monsieur, qu'au moins n'en avez-vous pas souvent. — Parbleu ! Madame, on a ses affaires. — Quand vous commenciez à m'aimer, vous n'en aviez point d'autres que votre amour. Est-ce là la tendresse que vous m'aviez jurée ? — Mais, Madame, cela ne peut pas toujours durer. — Vous m'aviez tant fait de serments que votre passion seroit éternelle ! — Madame, je le croyois. — Ingrat ! infidèle ! — Oh ! Madame ! point d'injures : vous pouvez mettre écriteau à votre porte ; prendra le bail de votre cœur qui voudra ; adieu.... Voilà mon François parti.

ISABELLE.

Mais vraiment, Mademoiselle, si cela est comme vous voulez me le faire entendre, un François pour une femme n'est pas une meilleure pratique qu'un Italien.

COLOMBINE.

Encore pis. Croyez-moi, tenons-nous comme nous sommes. Pour moi, infidèle pour infidèle, j'aime autant Octave qu'un autre. Adieu, Mademoiselle; je vous promets que je n'entreprendrai rien sur le cœur de votre amant, et qu'à mon égard vous n'aurez point sujet de crier au voleur.

ISABELLE.

Un cœur est pourtant un larcin dont les femmes aujourd'hui ne se font pas grand scrupule.

(Scènes italiennes.)

SCÈNE IV.

ARLEQUIN, PIERROT.

ARLEQUIN.

Viens ça Pierrot; je vais à une grande expédition; je te laisse maître en ma place : prends bien garde à la maison, et surtout qu'il ne se passe rien autour de nos filles.

PIERROT.

Oh! mordi! laissez-moi faire; si elles me trompent, elles seront bien fines.

SCENE V.

PIERROT, seul.

C'est pourtant un maudit bétail à gouverner; c'est du naturel des anguilles, cela frétille toujours. Il faut appeler Claudine, et lui faire une petite exaltation. Claudine?

SCENE VI.

PIERROT, ISABELLE, sous le nom de Claudine.

PIERROT prend un fauteuil.

Regardez-moi, Claudine.... L'honneur est un joyau; mais un joyau qui se gâte, quand on le laisse exposé à l'air. Une fille est comme une bouteille d'eau de la reine d'Hongrie; elle perd sa vertu si elle n'est bien bouchée : c'est ce qui fait qu'un grand philosophe dit qu'il faut qu'une femme demeure enfermée dans son logis. Il n'a pas parlé des filles; car elles étoient fort clair-semées dans son temps, aussi-bien que dans celui-ci.

ISABELLE.

Que veux-tu donc dire, avec tout ton galimatias? Es-tu fou?

ACTE II, SCÈNE VI.

PIERROT.

Comment, si je suis fou! Vous ne savez donc pas que je suis présentement votre pédagogue?

ISABELLE.

Me voilà vraiment dans de bonnes mains!

PIERROT.

Je suis à votre égard ce que la bride est à un cheval, un bâton à un aveugle, un gouvernail à un vaisseau : je suis la bride, et vous êtes le cheval; je suis le bâton, vous êtes l'aveugle; vous êtes le vaisseau, et moi le gouvernail : mais un gouvernail avec lequel j'empêcherai que vous n'alliez donner contre les rochers des garçons ; car ce monde est une mer, et les vents soufflent dans cette eau qui bouillonne.... ce qui fait que la raison dans.... cette mer....

ISABELLE.

Vite, vite, au secours! voilà un homme qui se noie.

PIERROT.

Que la raison, dis-je, la.... Enfin, Arlequin m'a laissé dans la maison pour vous garder.

ISABELLE.

Je te suis trop obligée; je t'assure que je me garderai bien moi-même.

PIERROT.

Nenni pas, s'il vous plaît; je ne me fie plus aux filles; j'y ai été attrapé.

ISABELLE.

Comment donc? est-ce que tu entretiens commerce avec des filles?

PIERROT.

Bon! quand on est fait d'une certaine manière, on en a à revendre de cette marchandise-là. Une petite carogne me pria de lui donner un baiser. Dame! moi, il ne faut pas me le dire deux fois : je ne fus ni fou, ni étourdi; je m'approchai; elle me donna un grand soufflet : depuis ce temps-là, j'ai bien juré que je n'en baiserois plus.

ISABELLE.

C'est très-bien fait, Pierrot. Crois-moi, ne te joue point aux filles; il n'y a rien à gagner.

PIERROT.

Si ce n'est quelque bon soufflet à la rencontre. Allons, point tant de raisonnements; rentrez, et marchez devant moi.

(Isabelle rentre; Pierrot la suit des yeux.)

SCÈNE VII.

PIERROT, seul.

Perdez cela de vue, autant de gobé.

(Scènes italiennes.)

ACTE TROISIÈME.
SCÈNES FRANÇOISES.

SCÈNE PREMIÈRE.

ARLEQUIN, en spadassin, se disant frère d'Isabelle; PASQUARIEL, ET AUTRES SPADASSINS.

ARLEQUIN.

Hé! l'Espérance, Brise-Fer, Poudre-à-Canon, l'Effroi-des-Poulets! Hé bien! mes enfants, que vous dit le cœur? Y a-t-il long-temps que vous n'avez mangé de chair humaine?

PASQUARIEL.

Vous n'avez qu'à dire, mon capitaine; je fais d'abord main-basse.

(Il met l'épée à la main, et pousse de tous côtés, comme s'il avoit plusieurs personnes à combattre.)

ARLEQUIN.

Voilà, mordi, un bon garçon. Ce drôle-là a tué plus de poulets à lui seul que toute ma compagnie ensemble. (Pasquariel recommence le même jeu.) Holà! holà! en voilà assez d'échignés. Il ne faut pas laisser refroidir cette ardeur-là: allons chercher Cinthio.

SCÈNE II.

CINTHIO, ARLEQUIN, PASQUARIEL, SPADASSINS.

ARLEQUIN.

Qui est cet homme-là? Il me semble qu'il a assez l'encolure d'un dénicheur de filles. Qui êtes-vous, mon ami? Ne vous appelez-vous pas Cinthio?

CINTHIO, le regardant du haut en bas.

Hé! qu'en avez-vous affaire?

ARLEQUIN.

Comment, ventrebleu! ce que j'en ai affaire! Si vous étiez Cinthio, ou que vous fussiez seulement cousin, petit-cousin, arrière-petit-cousin de Cinthio, par la ventrebleu! je veux que le diable m'emporte, vous verriez beau jeu.

CINTHIO, froidement.

Ne pourroit-on pas savoir, Monsieur, en quoi ce Cinthio vous a tant offensé? car vous me paroissez bien échauffé.

ARLEQUIN.

Assurément, je le suis. C'est un drôle qui va de fille en fille avec une promesse de mariage circulaire. Oh! parbleu, si je vous rencontre, mon petit ami, vous tiendrez la parole que vous avez donnée à ma sœur, ou vous aurez les étrivières de ma façon.

CINTHIO, toujours froidement.

Cela est bien scélérat de tromper comme cela les filles !

ARLEQUIN.

Par la tête ! par la mort ! Je voudrois le tenir pour cent pistoles.

CINTHIO, très-froidement.

Touchez là, Monsieur ; je veux vous faire gagner plus de cinquante louis aujourd'hui : donnez-m'en trente, je vous dirai où est Cinthio ; et, afin de ne pas vous tenir plus long-temps en suspens, c'est moi.

ARLEQUIN, tout étonné.

C'est vous ? c'est vous ? Ah ! par ma foi, j'en suis bien aise. Vous ne voulez donc pas, Monsieur, épouser ma sœur ?

CINTHIO.

Bon ! sommes-nous dans un siècle à épouser ?

ARLEQUIN.

Non ? Oh ! parbleu, nous verrons : vous la prendrez, quand je devrois vous la faire avaler dans une médecine. Laissez-moi faire seulement.

CINTHIO.

Je me moque de vos menaces ; et pour vous faire

voir que je ne vous crains, ni vous, ni vos spadassins, je vais vous attendre dans cette hôtellerie-là.

SCENE III.

ARLEQUIN, PASQUARIEL, SPADASSINS.

ARLEQUIN, aux Spadassins, après que Cinthio est sorti.

Qu'on me suive cet homme-là, et qu'on me le garde à vue. Voilà, mordi! comme il faut sortir vigoureusement d'une affaire.

(Scènes italiennes.)

SCÈNE IV.

UN CAPITAINE HOLLANDOIS, avec une jambe de bois; ARLEQUIN.

LE HOLLANDOIS.

Gouten tag, Minher, gouten tag.

ARLEQUIN.

Gouten tag, gouten tag.

LE HOLLANDOIS.

Moi l'être un étrangir qui cherchir à logir dans sti ville.

ARLEQUIN, *le contrefaisant.*

Sti ville, Monsir, l'être à vous bien obligir. (à part.) Ma foi, voilà un croustilleux corps.

LE HOLLANDOIS.

Enseignir moi, s'il plaît à Monsir, où être un logiment pour mon chevau et pour mon personne.

ARLEQUIN.

C'est une hôtellerie que vous cherchez, n'est-ce pas, Monsieur?

LE HOLLANDOIS.

Oui, Monsir, l'être une hôtellerie.

ARLEQUIN.

Tenez, Monsieur, en voilà une où vous serez parfaitement bien; il y a de bon vin, et vous y trouverez aussi de jolies filles; et voilà ce que vous demandez; j'entends à demi-mot.

LE HOLLANDOIS.

Moi demandre excuse à Monsir, si ne parlir pas bon françois; mais mon pensir l'être beaucoup plus meilleur que mon parlemente.

ARLEQUIN.

Allez, Monsieur, vous ne l'écorchez pas mal. Croyez-moi, Monsieur, allez vous reposer dans cette hôtellerie-là : car un homme qui n'a qu'une jambe doit être une fois plus las qu'un autre.

ACTE III, SCÈNE IV.

LE HOLLANDOIS.

Adieu, Monsir; moi remercir vous bien fortiment.

(Il frappe à la porte.)

ARLEQUIN.

Il faut que je sache un peu qui est cet étranger qui va loger chez moi. Venez çà, Monsieur; ne peut-on pas savoir de quel pays vous êtes, et le sujet qui vous amène en cette ville?

LE HOLLANDOIS.

Moi l'être un gentilhomme hollandois de Hollande, qui vient dans sti ville pour affaire de grand importement.

ARLEQUIN, à part.

Vous verrez que c'est un de ces sots qui se sont laissé prendre.

LE HOLLANDOIS.

Moi avoir toujours fait mon service sur la mer, et j'ai commandir un vaisseau de guerre des États dans le combat naval.

ARLEQUIN.

Comment diable, Monsieur! Hé! que venez-vous faire ici? Apparemment que vous avez un bon passe-port?

LE HOLLANDOIS.

Moi venir expressément de mon pays, de la part des États, pour demandir à la cour qu'on me rendre mon vaisseau, que sti tiaple de François avoir fait griller comme du poudin.

ARLEQUIN.

Oh! vous avez raison ; voilà de méchants diables que ces François! Il falloit crier au feu ; quelqu'un seroit venu à votre secours.

LE HOLLANDOIS.

N'être pas là tout, Monsir; moi avoir encore perdu mon jambe, qui sti enragés m'ont emporté dans la bataille.

ARLEQUIN.

Si vous avez perdu votre jambe, ce n'est pas ma faute ; je vous assure, Monsieur, que je ne l'ai point trouvée.

LE HOLLANDOIS.

Moi redemandir mon membre à la cour.

ARLEQUIN.

Ma foi, Monsieur, si vous voulez que je vous parle sincèrement, je ne crois pas qu'on vous rende votre jambe.

LE HOLLANDOIS.

Hé! pourquoi, Monsir?

ARLEQUIN.

Bon! s'il falloit, à la cour, que l'on rendît à vos confrères les Hollandois tous les membres que les François leur ont emportés cette année, il n'y auroit plus ni bras ni jambes en France.

ACTE III, SCÈNE IV.

LE HOLLANDOIS.

Mais, Monsir, comment faire pour servir? moi, n'avoir plus ni jambe, ni vaisseau.

ARLEQUIN.

Je vous conseille, Monsieur, d'aller servir aux Invalides. A cé que je vois, monsieur le Hollandois, vous avez été un peu démâté, hé, hé, hé....

LE HOLLANDOIS.

Moi ne rire point, Monsir; moi l'être un gentilhomme. Das, dick, der, doudre, vernetre.

ARLEQUIN.

Das, dick.... Mon petit ami, vous sentez votre vieux rossé Je vous renverrai à Fleurus.

(Ils se battent; le Hollandois tombe, et fait plusieurs lazzis avec sa jambe de bois.)

(Scènes italiennes.)

SCÈNE V.

ARLEQUIN, en commissaire; PIERROT, en clerc; CINTHIO, ISABELLE, Gardes à la suite du commissaire.

ARLEQUIN.

Allons : dépêchons-nous vite; tire ton écritoire, ferme la porte, chasse les chiens, prends une chaise, mouche ton nez, laisse de la marge, écris gros.

PIERROT *tire une grosse écritoire, dans laquelle est une petite plume.*

Monsieur, faisons vite, s'il vous plaît; j'ai un cours de ventre, comme vous savez, qui ne me permet pas d'être long-temps en place.

ARLEQUIN.

J'aurai bientôt fait. (à Cinthio.) Comment vous appelez-vous? dites-moi votre nom, surnom, qualité, patrie, rue, paroisse, logis, appartement. Avez-vous un père, une mère, des frères, des parents? Que faites-vous à Paris? y a-t-il long-temps que vous y êtes? qui voyez-vous? d'où venez-vous? où allez-vous? Écrivez donc, greffier.

(Il donne un coup sur l'épaule de son clerc.)

PIERROT, *jetant son écritoire.*

Ah! j'ai l'épaule cassée. Voilà un clerc estropié.

ARLEQUIN.

C'est *punctum interrogationis.* Quel diable d'ignorant. (à Cinthio.) Et vous, mon petit gentillâtre, vous ne voulez donc pas répondre? Écrivez qu'il n'a rien dit.

CINTHIO.

Comment voulez-vous, Monsieur, que....

ARLEQUIN.

Vous croyez donc, mon ami, que j'ai le loisir d'entendre toutes vos sottises? Savez-vous que j'ai encore aujourd'hui trois fripons à faire pendre sans vous?

ACTE III, SCÈNE V.

PIERROT.

Et cinq ou six demoiselles à faire déménager?

CINTHIO.

Monsieur, je m'appelle Cinthio; je loge chez Arlequin.

PIERROT.

Je le connois; c'est un fripon.

ARLEQUIN lui donne encore un coup.

Songe à ce que tu fais, animal! *Punctum admirationis.* Connoissez-vous cette soi-disant fille-là? (à Isabelle.) Et vous, la belle aux yeux escarbillars, connoissez-vous ce pèlerin-ci?

ISABELLE.

Hélas! Monsieur, je ne le connois que trop; c'est un ingrat qui m'a trompée avec une promesse de mariage.

PIERROT.

Voilà qui est bien noir!

ARLEQUIN.

Si toutes les filles d'aujourd'hui avoient autant de maris que de promesses de mariage, elles en auroient assez pour en changer par saison. (à un Garde.) Qu'on aille dire à la chaîne qu'elle ne parte pas encore; j'ai ici de quoi l'augmenter. (à Isabelle.) Mais cela est-il bien vrai?

ISABELLE.

Tenez, Monsieur, la voilà; lisez.

ARLEQUIN l'ouvre.

Me voilà bien embarrassé; j'ai depuis deux jours un rhumatisme sur l'oreille, qui fait que je ne vois goutte.

SCENE VI.

UN GARDE, LES PERSONNAGES PRÉCÉDENTS.

LE GARDE, au commissaire.

Monsieur, la chaîne ne partira pas que vous n'y soyez.

ARLEQUIN, à Pierrot.

Tenez, lisez.

PIERROT.

Moi, Monsieur, vous savez bien que je n'ai jamais appris qu'à écrire.

ARLEQUIN, à Isabelle.

Lisez donc; je vous cède mes droits de magistrature.

PIERROT écrit.

Lequel a déclaré ne savoir ni lire, ni écrire, attendu sa qualité de juge.

ISABELLE, lisant.

Je soussigné....

ARLEQUIN.

En voilà assez. Que dites-vous à cela, monsieur le fripon?

ACTE III, SCÈNE VI.

CINTHIO.

Je dis, Monsieur, que l'on ne traite point de la sorte un homme de ma qualité.

ARLEQUIN.

Ah! mon petit compagnon, vous voulez faire le plaisant! Nous allons voir si vous avez bon air à danser au bout d'une ficelle.

ISABELLE.

Non, monsieur le commissaire, il n'y a point de supplice assez cruel pour punir sa perfidie. A quoi le désespoir ne m'a-t-il pas réduite? J'ai quitté mes parents pour le suivre; je me suis exposée à mille hasards; car vous savez les risques que court une fille toute seule.

ARLEQUIN.

Elle en court encore plus quand elle est avec quelqu'un.

ISABELLE.

Je me suis mise servante dans l'auberge d'Arlequin, où j'ai caché mon nom sous celui de Claudine. Il est venu loger dans cette hôtellerie, pour son malheur et pour le mien; car, enfin, il est bien rude de voir pendre ce que l'on a si tendrement aimé.... Hi, hi....

(Elle pleure.)

PIERROT.

Hé, hé....

(Il pleure.)

ARLEQUIN.

Tu me le payeras, coquin, de faire pleurer mon secrétaire. Que la corde soit bien grosse; voilà un fripon qui a la vie dure.

CINTHIO.

J'avoue ma faute; mais, monsieur le commissaire, il faut pardonner à l'amour.

(Il donne de l'argent au commissaire.)

ARLEQUIN prend l'argent.

Non, non; je prétends faire ma charge avec honneur.... Je me servirai de cet argent-là pour vous faire une pompe funèbre.

CINTHIO.

Mais, monsieur le commissaire, un peu de quartier; je suis prêt à l'épouser.

PIERROT.

Il a raison; il vaut encore mieux être marié que pendu.

ISABELLE.

Moi, traître! t'épouser, après toutes tes infidélités!... Je renonce à ta tendresse; je ne veux point d'un cœur aussi corrompu que le tien.

CINTHIO, se mettant à genoux.

Hé! de grâce, Mademoiselle, que l'amour vous fasse oublier un crime que l'amour même a fait commettre!

ARLEQUIN et PIERROT, aussi aux genoux d'Isabelle.

Écoutez, Mademoiselle; quand il sera sec, vous n'en serez pas plus grasse; vous l'êtes assez.

PIERROT.

Pourvu qu'il paye grassement mes écritures, je vous conseille de lui pardonner; il est assez puni d'avoir une femme.

ISABELLE.

Ingrat! je devrois vous haïr, et je sens que je ne le puis.

ARLEQUIN.

Ah! vous voilà donc bons amis. Présentement que l'affaire est toisée, il est bon de vous dire que le commissaire et le clerc sont deux fripons qui ont pris cet habit-là pour vous faire marier ensemble.

PIERROT.

Cela est vrai. Ma foi, voilà une procédure qui m'a donné bien de la peine!

ARLEQUIN.

Monsieur, en faveur de cette noce-là il faut se divertir. Allons, qu'on fasse venir les violons, et qu'on appelle toute l'auberge.

DIVERTISSEMENT.

(Tous les Comédiens sortent chacun avec une guitare, et parodient la Chaconne de Cadmus.)

LE CHOEUR.

Suivons, suivons l'amour; laissons-nous enflammer.
Ah, ah, ah! qu'il est doux d'aimer!

MEZZETIN chante.

Pour l'hymen qu'on destine,
Tous, d'un même ton,
Chantons une chanson.
Morbleu! vive Claudine!
Car, dans sa saison,
On verra la coquine
Donner un fils de sa façon.

LE CHOEUR.

Suivons, suivons l'amour; laissons-nous enflammer.
Ah, ah, ah! qu'il est doux d'aimer!

MEZZETIN.

Une fille a beau feindre,
L'hymen est charmant;
Elle a beau se contraindre,
Il lui faut un amant;
Et rien n'est tant à craindre
Que l'âge de quinze ans.

LE CHOEUR.

Suivons, suivons l'amour; laissons-nous enflammer.
Ah, ah, ah! qu'il est doux d'aimer!

TRIO

CHANTÉ PAR ARLEQUIN, MEZZETIN ET PASQUARIEL.

Un amant aux abois,
Las d'un choix,
Veut quitter prise;
Mais l'on n'est pas de bois,
Et l'on fait quelquefois
Une sottise.

LE CHOEUR.

Suivons, suivons l'amour; laissons-nous enflammer.
Ah, ah, ah! qu'il est doux d'aimer!

FIN DES FILLES ERRANTES.

LA COQUETTE,

OU

L'ACADÉMIE DES DAMES,

COMÉDIE EN TROIS ACTES.

AVERTISSEMENT

DE L'ÉDITEUR,

SUR LA COQUETTE.

Cette comédie a été représentée, pour la première fois, le 17 janvier 1691.

Les auteurs des Anecdotes dramatiques ont ajouté, à l'article de cette pièce, la note suivante : « On désireroit que les « éditeurs des Œuvres de ce poète comi- « que (Regnard) y eussent inséré quel- « ques scènes des pièces que cet auteur « a données au Théâtre Italien, au lieu « de tous ces ouvrages médiocres dont « ils ont rempli le quatrième volume de « leur édition. »

C'est avec raison que ces auteurs souhaitent de voir réunies aux autres Œuvres de notre poète les meilleures scènes de son théâtre italien; et la comédie de LA COQUETTE étoit plus propre qu'une autre à faire naître cette idée.

Cette pièce est, en effet, l'une des plus plaisantes et des mieux intriguées de ce recueil. Le caractère de la Coquette est un des meilleurs que Regnard ait mis au théâtre : on la voit recevoir, avec un égal empressement, les hommages de tout le monde, et ne pas même dédaigner ceux de son valet Pierrot. Quant au Bailli du Maine, Arlequin, c'est une caricature digne du Théâtre italien. On y trouve beaucoup de traits de ressemblance avec le Pourceaugnac de Molière; et le Bailli marquis est aussi ridicule et d'une charge aussi grotesque que le Gentilhomme limousin déguisé en femme de qualité.

Cette pièce n'a point été reprise.

PERSONNAGES.

TRAFIQUET.
COLOMBINE, fille ⎫
ISABELLE, nièce ⎭ de Trafiquet.
LE COMTE, amant de Colombine, *Octave.*
ARLEQUIN, bailli du Maine.
PIERROT, ⎫
MARINETTE, ⎭ domestiques de Trafiquet.
MEZZETIN, ⎫
PASQUARIEL, ⎭ valets du Comte.
BAGATELLE, laquais de Colombine.
M. NIGAUDIN, conseiller au présidial de Beauvais, *Mezzetin.*
Mme PINDARET, bel esprit.
MARGOT, couturière.
UN CAPITAINE, *Arlequin.*
UN SERGENT.
UN LAQUAIS de M. Nigaudin.
UN LAQUAIS de Mme Pindaret.
FOURBES de la suite de Mezzetin, et autres personnages muets.

La scène est à Paris, chez Trafiquet.

LA COQUETTE,
COMÉDIE.

ACTE PREMIER.

SCÈNE PREMIÈRE.

ARLEQUIN, en colère, se retournant, à la cantonnade.

Vous en avez menti, messieurs les Commis de la barrière, je ne dois rien : vous êtes des fripons. On est plus assuré au milieu des bois que dans ce maudit pays-ci; on ne sauroit faire un pas qu'on ne trouve un filou. Il n'y a pas une demi-heure que je suis arrivé dans Paris, et me voilà déjà presque tout déshabillé.... Au voleur! au voleur! Quelle maudite nation! A peine suis-je entré dans la ville, qu'on fait derrière mon cheval l'opération à ma valise; on en tire les hardes, et on la fait accoucher avant terme. En descendant à l'hôtellerie, on m'escamote ma casaque. Je fais deux pas dans la rue, un fiacre me couvre de boue depuis les pieds jusqu'à la tête;

un porteur de chaise me donne d'un de ses bâtons dans le dos : il vient un homme me saluer ; je lui ôte mon chapeau, un coquin par derrière m'arrache ma perruque ; et, pour comble de friponneries, on veut me faire payer l'entrée à la porte comme bête à cornes, parce que je viens pour me marier.... Attendez donc que je sois....

SCÈNE II.

ARLEQUIN, MEZZETIN.

ARLEQUIN.

Monsieur, n'êtes-vous pas un coupeur de bourses ?

(Au lieu de répondre, Mezzetin tourne autour de lui, l'examine en se moquant de lui ; et Arlequin fait des lazzis de frayeur. Le restant de cette scène consiste dans un jeu italien.)

SCÈNE III.

Le théâtre change, et représente l'appartement de Colombine ; elle est à sa toilette, et Isabelle prélude sur un clavecin.

COLOMBINE, ISABELLE.

COLOMBINE.

Hola, quelqu'un ! n'ai-je là personne ? Cascaret, Jasmin, Pierrot, Bagatelle, Bagatelle !

SCÈNE IV.

COLOMBINE, ISABELLE, PIERROT, BAGATELLE.

COLOMBINE, à Bagatelle.

D'où vient, petit garçon, qu'il faut vous appeler tant de fois?

BAGATELLE.

Mademoiselle, c'est que j'achevois ma main au lansquenet.

COLOMBINE.

N'est-il venu personne me demander?

BAGATELLE.

Il est venu cinq ou six personnes; mais j'ai oublié leurs noms et ce qu'elles m'ont dit.

COLOMBINE.

Le petit étourdi!

PIERROT.

Monsieur le conseiller a dit qu'il alloit revenir. Il est venu aussi cette grande femme qui a le visage si creux, qui vous viendra voir tantôt, quand elle aura été chez son libraire.

COLOMBINE.

C'est notre bel esprit; je la tiens quitte de sa visite dès à présent. (à Bagatelle.) Venez çà; allez chez ma couturière, et dites-lui que je veux avoir mon habit aujourd'hui.

BAGATELLE.

Ne lui dirai-je pas aussi de nous faire des culottes? La mienne est toute déchirée entre les jambes, et ma chemise passe, révérence parler, par....

COLOMBINE.

Taisez-vous, petit sot, et faites ce que je vous dis.

SCÈNE V.

ISABELLE, COLOMBINE.

ISABELLE.

Eh bien! cousine, as-tu bientôt mis la dernière main à ton visage?

COLOMBINE.

Dis-moi, je te prie, comment me trouves-tu aujourd'hui?

ISABELLE.

A charmer.

COLOMBINE.

J'ai beau arranger mes traits, il me semble qu'il y en a toujours quelqu'un qui se révolte contre mon économie.

ACTE I, SCÈNE V.

ISABELLE.

Je t'assure que tu es d'un air à faire payer contribution à tous les cœurs de la ville.

COLOMBINE.

Je sais bien, sans vanité, que j'ai quelque agrément; mais avec un peu de beauté, et trois ou quatre mouches sur le nez, une fille ne va pas loin dans le siècle où nous sommes. Il faut de cela pour plaire (elle se touche le front), et pour attraper un époux, qui est le point difficile. Nous commençons tout doucement à monter en graine, et nous sommes assez fortes pour bien soutenir une thèse en mariage.

ISABELLE.

J'en tombe d'accord. Crois-tu, cousine, que j'aie le cœur plus dur que toi? Je sens quelquefois qu'une fille n'est pas née pour vivre seule; je t'avouerai même que j'emploie tout mon esprit pour attirer quelque amant dans le filet conjugal. Mais les hommes sont des pestes de poissons rusés qui viennent badiner autour de l'appât, et qui mordent rarement à l'hameçon. Le mariage se décrie de jour en jour; je crois, pour moi, que nous allons voir la fin du monde.

COLOMBINE.

Que tu es folle! Quoique le mariage ne soit plus guère à la mode, les hommes ont beau faire, ils ne sauroient se passer de nous. Leur répugnance pour le mariage vient de la simplicité des filles, qui ne savent pas jouer leur rôle. L'homme est un animal qui veut être trompé.

ISABELLE.

Je ne m'applique nuit et jour à autre chose. Je relève, avec art, les agréments que la nature m'a donnés : je joins à quelque brillant d'esprit les talents de la poésie et de la musique : pour mes manières, elles sont douces et insinuantes; et, avec tout cela, point d'épouseurs.

COLOMBINE.

Mais que prétendent donc tous ces petits messieurs-là ?

ISABELLE.

C'est ce que je ne conçois pas. On sait bien qu'il y a de certaines avances qui accrochent quelquefois. Mais vous en aurez menti, messieurs les soupirants; et si j'accorde quelque faveur, ce ne sera, ma foi, que par-devant notaire, et en vertu d'un bon parchemin bien signé.

COLOMBINE.

Cependant ce n'est pas une chose si difficile que tu le penses, d'engager un homme. Savoir risquer un billet dans son temps, marcher sur le pied à l'un, tendre la main à l'autre, se brouiller avec celui-ci, se raccommoder avec celui-là : crois-moi,

ACTE I, SCÈNE V.

avec ce petit manége-là, il faut, bon gré, mal gré, que quelque bête donne dans les toiles.

ISABELLE.

Il me semble que tu copies assez bien une coquette d'après nature. Prends-y garde, au moins ; on ne fait plus guère de fortune à ce métier-là.

COLOMBINE.

Bon ! il n'y a plus que les sottes qui se persuadent d'attraper des hommes par des airs composés. Cousine, le monde m'en a plus appris qu'à toi, et je te suis caution qu'une fille n'est piquante qu'autant qu'elle a pris sel dans la coquetterie.

ISABELLE.

Vraiment ! ce ne sont pas là les maximes de ma mère, qui me prône tous les jours que la coquetterie est l'antipode du mariage ; et j'ai ouï dire cent fois à mon oncle qu'une fille coquette ressemble à ces vins pétillants dont tout le monde veut tâter, et dont personne ne veut acheter pour son ordinaire.

COLOMBINE.

Voilà-t-il pas mes contes de grand'mère, qui condamnent dans leurs enfants les plaisirs que l'âge leur refuse ! Je veux, moi, te donner des conseils pour le mariage, plus courts et plus faciles ; et afin que tu les retiennes mieux, je vais te les lire en vers.

ISABELLE.

En vers, ma petite ! ah ! c'est ma folie.

COLOMBINE.

N'en perds pas une syllabe.

(Elle lit.)

Portrait d'une Coquette, ou la vraie morale d'une Fille à marier.

Une fille qui veut se faire
Un époux parmi ses amants,
Doit changer à tous les moments
Et de visage et de manière ;
Tantôt, d'un air modeste, elle entre dans un cœur,
Sous un faux semblant de sagesse ;
Et tantôt, rallumant un feu de belle humeur,
Elle y porte à la fois la joie et la tendresse ;
Elle sait finement, par un mélange heureux,
Délayer la douceur avecque la rudesse ;
Du frein ou de l'épron (1) usant avec adresse,
Suivant que l'animal est vif ou paresseux.

ISABELLE.

Je ne sais pas comment sera le reste, mais le début est fort vif.

COLOMBINE.

Rien ne se démentira.

---

(1) Il faut écrire *éperon*. L'auteur a sacrifié ici l'orthographe à la mesure du vers.

ACTE I, SCÈNE V.

(Elle continue de lire.)

Pour conserver les cœurs qu'elle a su préparer,
Elle tient toujours la balance
Entre la crainte et l'espérance,
Laissant un pauvre amant doucement s'enferrer.
Si quelqu'un, rebuté de son trop long martyre,
Cherche à s'échapper du filet,
Par de fausses bontés alors on le retire :
On écrit, et Dieu sait le style du billet!
Un roi ne pairoit pas tout ce qu'on lui promet :
On se désespère, on soupire ;
Trac, l'oiseau rentre au trébuchet.

ISABELLE.

Au trébuchet! Un mari ne se prend pas comme un oiseau ; il faut bien d'autres piéges.

COLOMBINE.

Je te dis qu'en amour ils sont si niais, qu'une fille qui sait un peu son métier, en va duper trente à la fois.

(Elle poursuit sa lecture.)

Lui parle-t-on d'amour.....

ISABELLE.

Encore?

COLOMBINE.

Voici le dernier. Dame! il entre bien des ingrédients dans la composition d'une coquette.

Lui parle-t-on d'amour, vante-t-on ses appas,
Elle impose silence en faisant la novice ;

Elle fait expliquer ceux qui n'en parlent pas,
    Et sait se démonter à visse : (1)
D'un rire obéissant son visage est paré;
Le robinet des fleurs s'ouvre et ferme (2) à son gré;
Et, dispensant ainsi la rigueur, la tendresse,
    Crois-moi, cousine, en cet état,
C'est jouer de malheur, après tant de souplesse,
Si quelque dupe enfin ne tâte du contrat.

ISABELLE.

Savante comme tu l'es, tu devrois te mettre à montrer le coquétisme en ville; tu serois bientôt riche.

COLOMBINE.

Je n'y gagnerois pas de l'eau : toutes les filles savent cela. Dans le fond, on n'a que de bonnes intentions. Et quel reproche peut faire un homme quand une fille ne le trompe qu'en vue de mariage ?

---

(1) L'exactitude voudroit que l'on écrivît *vis;* mais la rime a fait altérer l'orthographe.

(2) Il faudroit *se ferme*.

SCÈNE VI.

COLOMBINE, ISABELLE, BAGATELLE.

BAGATELLE.

Mademoiselle, voilà monsieur le comte Octave.

COLOMBINE.

Qu'il entre.

SCÈNE VII.

ISABELLE, COLOMBINE.

ISABELLE.

Je te laisse avec lui; car apparemment c'est un épouseur; et ma mère m'attend.

COLOMBINE.

Bon! ta mère t'attend : va, va, elle est la maîtresse; elle attendra tant qu'elle voudra : demeure ici; tu en apprendras plus avec moi en un quart d'heure, que tu ne feras en toute ta vie avec ta mère. C'est une façon de mari.

ISABELLE.

Tu l'aimeras donc?

COLOMBINE.

Que tu es sotte! Ne t'ai-je pas dit cent fois que j'aime tout le monde sans aimer personne. Mon père m'a défendu de le voir, parce qu'il me destine à un bailli du Maine, qui doit arriver dans peu. Ne suis-je pas bien malheureuse! Car imagine-toi ce que c'est qu'un bailli, et un bailli du Maine! Mais voici Octave.

SCÈNE VIII.

COLOMBINE, ISABELLE, OCTAVE, MEZZETIN.

OCTAVE.

MALGRÉ la rigueur de votre père, je viens vous assurer, Mademoiselle, que je perdrai plutôt la vie que l'espérance d'être un jour votre époux.

MEZZETIN.

Oui, Mademoiselle, nous avons résolu cela; et s'il ne vous épouse, je vous épouserai, moi.

ISABELLE, bas à Colombine.

Cousine, voilà un gibier à trébuchet.

COLOMBINE.

Vous savez, monsieur le Comte, quels sont mes sentiments pour vous; cela vous doit suffire. Ne parlons point d'amour, si ce n'est en chansons. Vous chantez bien ; voilà ma cousine qui accompagne parfaitement du clavecin ; je veux vous entendre ensemble.

OCTAVE.

Mais, Mademoiselle, chanter dans l'état où je suis; pénétré de douleur, désespéré....

COLOMBINE.

Bon, bon ! si vous n'avez pas la force de chanter, vous soupirerez; c'est la langue la plus familière aux amants. Allons, qu'on approche le clavecin. Mezzetin, prenez bien garde que mon père ne vienne.

ISABELLE.

Tu me mets là, cousine, à une rude épreuve.

(Octave chante ; Isabelle l'accompagne.)

SCÈNE IX.

COLOMBINE, ISABELLE, OCTAVE, MEZZETIN, TRAFIQUET, PIERROT.

TRAFIQUET, appelle en entrant sur la scène.

Hola, quelqu'un ! Pierrot, Pierrot !

PIERROT.

Me voilà, me voilà, Monsieur. Vous criez plus fort qu'un fiacre mal graissé.

TRAFIQUET, sans voir Octave.

Avec qui diable es-tu donc? Il faut toujours t'appeler vingt fois.

PIERROT.

Je suis avec l'amour.

TRAFIQUET.

Ho, ho! voilà du nouveau. Tu es donc amoureux?

PIERROT.

Je ne dors ni ne veille; je sens toujours là un tintamarre, comme s'il y avoit un régiment de lutins.

TRAFIQUET.

Il faut prendre patience (apercevant Octave.) Mais que vois-je? c'est Octave! Hé! que faites-vous donc ici, s'il vous plaît? Ne vous avois-je pas prié de n'y plus venir?

(Octave et Mezzetin font une révérence.)

PIERROT.

Puisque Monsieur vous l'a défendu, pourquoi y revenez-vous?

TRAFIQUET.

Est-ce que vous prétendez, mon petit Monsieur, épouser ma fille malgré moi?

(Octave et Mezzetin font une autre révérence.)

PIERROT.

Monsieur, n'allez pas souffrir cela; on vous prendroit pour un insensé.

ACTE I, SCÈNE IX.

TRAFIQUET.

Mais, Monsieur, encore une fois, je n'ai que faire de vos révérences : répondez à ce que je vous demande.

(Octave et Mezzetin sortent, après avoir fait encore une révérence.)

SCÈNE X.

TRAFIQUET, COLOMBINE, ISABELLE, PIERROT.

TRAFIQUET.

Vous ferez bien, Messieurs de la révérence, de ne regarder ma porte qu'avec une lunette ; je vous saluerois d'une manière.... Quelle plaisante conversation ! toujours des révérences !

PIERROT.

Va, va, tu n'as qu'à y revenir ; je te ferai danser un branle de sortie sans violons.

TRAFIQUET, à Colombine.

Et vous, mademoiselle l'impertinente, ne vous ai-je pas défendu de le voir ? Savez-vous que quand je commande je veux être obéi ?

(Colombine et Isabelle font une révérence.)

PIERROT.

Elles ont appris à danser du même maître.

TRAFIQUET.

Ne t'ai-je pas dit que je ne voulois pas que tu songeasses davantage à cet homme-là pour être ton époux?

(Colombine et Isabelle font encore une révérence.)

PIERROT.

Fi! ce n'est pas là votre fait.

TRAFIQUET.

Écoutez, ne m'échauffez pas les oreilles; il y a des maisons à Paris où l'on réduit les filles désobéissantes. Merci de ma vie!

(Colombine et Isabelle sortent en faisant une grande révérence.)

SCÈNE XI.

TRAFIQUET, PIERROT.

PIERROT.

Ma foi, Monsieur, il faut dire la vérité; voilà des filles bien civiles.

TRAFIQUET.

Mais que veulent donc dire toutes ces cérémonies-là? Voilà une nouvelle manière de répondre. Allons, allons; il faut faire cesser tout ce manége-là. J'attends aujourd'hui un gendre qui me vient du Bas-Maine; je veux envoyer savoir s'il est venu. Pierrot? (Pierrot fait une révérence en fille.) Ah! monsieur le maraud! je crois que vous voulez rire aussi. Si je prends un bâton.... (Pierrot fait une autre révérence.) Quoi! tu t'en mêles aussi?

PIERROT.

Mais, Monsieur, est-ce que vous voulez m'empêcher d'être civil? Qu'est-ce que vous me voulez?

TRAFIQUET.

Je veux que tu passes chez monsieur Fesse-Mathieu, pour le prier de venir ici; et que tu ailles de là dans la rue de la Huchette, savoir si le messager du Mans est arrivé.

PIERROT.

Bon, bon, bon, Monsieur. Vous attendez donc quelque panier de volaille?

TRAFIQUET.

J'attends le bailli de Laval, qui vient pour être mon gendre.

PIERROT.

Quoi! tout de bon? Un homme du Maine pour être le mari de votre fille?

TRAFIQUET.

Assurément.

PIERROT.

Fi! Monsieur, n'en faites rien; il ne vient que des chapons de ce pays-là.

(Scènes italiennes.)

SCÈNE XII.

COLOMBINE, PIERROT.

COLOMBINE plie une lettre.

Une bougie?... Est-ce que tu n'entends pas que je demande une bougie pour cacheter une lettre?

PIERROT, faisant des mines à Colombine.

Pardonnez-moi;.... mais.... c'est que.... en vérité.... Mademoiselle; je m'en vais....

COLOMBINE.

Pour moi, je ne sais plus quelle maladie a attaqué le cerveau de cet animal-là : il ne voit plus, il n'entend plus; il a assurément quelque chose de brouillé dans son timbre. (Pierrot apporte un manchon.) Tu veux donc que je cachette une lettre avec un manchon? Je te demande une bougie, m'entends-tu? Je crois qu'il me fera perdre l'esprit. (Pierrot fait encore des mines.) Oh, oh! voilà une nouvelle folie que je ne lui connoissois pas encore. Depuis quand as-tu perdu la parole? Parle, réponds; dis donc à qui tu en as.

PIERROT.

Je n'oserois; je sens là un tourbillon, un étouffement de la nature..... heurtant contre l'amour. Tenez, voilà une lettre qui vous dira tout cela.

ACTE I, SCÈNE XII.

COLOMBINE.

Que signifie donc cette cérémonie-ci? Je trouve cela assez plaisant. Voyons donc ce que dit cette lettre.

(Elle lit.)

« Comme il n'y a point d'animal dans le monde qui
« n'aime quelque autre animal, c'est ce qui fait que je
« vous aime. Autre chose ne peut vous dire votre très-
« humble serviteur et fidèle amant,

« PIERROT. »

Mon très-humble serviteur et fidèle amant, Pierrot. Ah, ah! voilà donc où le bât vous blesse, monsieur l'amoureux! En vérité, je suis ravie d'avoir fait une pareille conquête.

PIERROT.

Hé! Mademoiselle, je sais bien que mon mérite n'est pas capable de mériter;.... mais, d'un autre côté,.... voilà que l'occasion,.... votre beauté... Je ne suis pas bien riche; mais, ma foi, je suis un bon garçon.

COLOMBINE.

J'entends cela le mieux du monde; mais je vous prie, monsieur Pierrot, d'étouffer un peu vos hoquets de tendresse, et d'aller porter cette lettre à monsieur de la Maltotière.

PIERROT, en s'en allant.

Ah! petit cocodrille! ouf!

SCÈNE XIII.

COLOMBINE, seule.

La conquête de Pierrot n'est pas bien illustre; je sens néanmoins une secrète joie de voir que rien ne m'échappe. Quelque sévérité qu'affectent les femmes, elles ne sont jamais fâchées de s'entendre dire qu'on les aime.

SCÈNE XIV.

COLOMBINE, UN LAQUAIS.

LE LAQUAIS, annonçant.

Mademoiselle, voilà monsieur le conseiller Nigaudin.

SCÈNE XV.

COLOMBINE; NIGAUDIN, en habit de ville et en épée; UN LAQUAIS de Nigaudin.

COLOMBINE.

En vérité, monsieur Nigaudin, j'ai lieu de louer votre diligence : nous ne devons partir pour la

Comédie que dans deux heures ; et je suis ravie de pouvoir pendant ce temps-là, profiter de votre conversation.

NIGAUDIN, toussant.

Mademoiselle, quand il s'agira de venir vous offrir ses hommages, on n'obtiendra point de défaut contre moi : en cas de rendez-vous auprès des dames, je ne me laisse jamais contumacer, et je me rends bien vite à l'ajournement personnel.

COLOMBINE.

Ah! Monsieur, que vous dites les choses galamment! Vous avez un tour aisé et naturel dans les expressions, que les autres n'ont point; et il semble toujours que vous demandiez le cœur, quelque indifférente chose que vous puissiez dire.

NIGAUDIN.

Moi, Mademoiselle! je ne vous demande rien; vous me prenez donc pour un escroc? Il est vrai que nous autres gens de robe, la plupart, nous avons la belle élocution à commandement. Tout franc, Mademoiselle, les gens d'épée n'ont point le boute-dehors comme nous.

COLOMBINE.

Fi! ne me parlez point des gens d'épée ; ils n'auroient jamais rien à vous dire, s'ils ne vous étourdissoient de leurs bonnes fortunes, et s'ils ne vous faisoient le calcul du nombre des bouteilles qu'ils ont vidées. Pour moi, je ne conçois pas bien la manie de la plupart des femmes d'aujourd'hui; on ne sauroit leur plaire, si l'on ne revient de Flandre ou d'Allemagne, et si l'on ne rapporte à leurs pieds un cœur tout persillé de poudre à canon.

NIGAUDIN.

Ma foi, il y a bien de l'entêtement; car, entre nous, il n'y a point de gens qui tiennent une procédure si irrégulière auprès des dames que les gens de guerre : ils sont brusques et entreprenants sur le fait des faveurs, et n'observent jamais les délais fixés par l'ordonnance de l'amour.

COLOMBINE.

Il est vrai qu'on n'est point en sûreté contre leurs entreprises; et quand ils sont chez les dames, ils s'imaginent être dans un quartier d'hiver à vivre à discrétion.

NIGAUDIN.

A propos de quartier d'hiver, Mademoielle, il me semble qu'ils sont venus cette année quinze jours plus tôt pour moi.

COLOMBINE.

Pourquoi donc, Monsieur?

NIGAUDIN.

J'avois hypothèque spéciale sur votre cœur,

ACTE I, SCÈNE XV.

sans ce visage d'épétier qui est arrivé, et qui se prétend privilégié sur la chose ; mais, ventrebleu ! nous verrons.

COLOMBINE.

Eh ! que craint-on, Monsieur, quand on est fait comme vous ?

NIGAUDIN.

Il est vrai qu'un juge craint fort peu de chose ; mais la plupart de ces gens de guerre sont des brutaux qui usent d'abord des voies de fait. Nous autres, nous faisons notre affaire en douceur, et nous n'aimons pas le fracas de la brette.

COLOMBINE.

Vous avez assez d'autres endroits pour vous faire distinguer.

NIGAUDIN.

Ce n'est pas, ventrebleu ! qu'on n'ait du cœur. Je voudrois que vous me vissiez aux buvettes ; je fais tout trembler ; et si tous mes confrères les praticiens me ressembloient, il ne se recevroit pas le quart des nasardes qui se donnent tous les jours.

COLOMBINE.

Je gagerois, à votre air, que vous opinez l'épée à la main, et je vous prendrois quelquefois pour un colonel de robe.

NIGAUDIN.

Vous trouvez donc mon habit joli ? C'est un petit

déshabillé de chasse que je me suis fait faire pour la cour. N'est-il pas vrai que l'épée me sied bien?

COLOMBINE.

A charmer.

NIGAUDIN.

Je sens quelquefois des convulsions de bravoure que je ne saurois retenir. (Il tousse.) J'étois né pour la guerre; mais mon père, voyant que j'avois trop d'esprit pour ce métier-là, me mit dans notre présidial de Beauvais, et m'acheta une charge d'assesseur.

COLOMBINE.

Ah! monsieur l'assesseur, si vous débrouillez aussi bien un procès que vous savez vous faire jour dans un cœur, que vous êtes un juge éclairé!

NIGAUDIN.

Tout franc, Mademoiselle, je ne me plains pas de mes lumières, et je vous avoue que j'ai une pénétration d'esprit qui me surprend quelquefois. Je jugeai dernièrement un gros procès à l'audience, dont je n'avois pas entendu un mot.

COLOMBINE.

Pas un mot! Et comment avez-vous pu rendre la justice?

NIGAUDIN.

Bon! dans tous les procès, il n'y a qu'une routine. L'une des parties m'avoit envoyé un carrosse de cent pistoles, et l'autre deux chevaux gris de six cents écus; vous jugez bien qui avoit le bon droit?

COLOMBINE.

Oh! je sais que deux chevaux gris mènent un procès bien rondement.

NIGAUDIN.

Ma foi, vous avez raison; les chevaux entraînèrent le carrosse.

SCENE XVI.

LE CAPITAINE, COLOMBINE, NIGAUDIN,
LAQUAIS de Nigaudin.

LE CAPITAINE, en dedans.

PARBLEU! mon ami, je crois que tu ne me connois pas.

COLOMBINE.

Ah! Monsieur, vous êtes perdu si cet homme-là vous trouve ici.

NIGAUDIN.

Comment donc?

COLOMBINE.

C'est un officier qui est jaloux à la fureur; il a

déjà tué cinq ou six hommes pour n'avoir fait que me regarder.

NIGAUDIN.

Cinq ou six hommes! Voilà qui est bien brutal. Holà! hé, laquais. (Il se déshabille, et met son rabat.)

COLOMBINE.

Hé, que faites-vous, Monsieur? A quoi vous amusez-vous là?

NIGAUDIN.

Je sais bien ce que je fais. Il faudra qu'il soit bien lâche, s'il me bat sans épée. Pour plus grande sûreté, vite, qu'on me donne ma robe.

COLOMBINE.

Votre robe! et où est-elle?

NIGAUDIN.

Je ne vais jamais sans cela; on ne sait pas ce qui peut arriver.

COLOMBINE.

Ah! Monsieur, ne vous y fiez pas; vous auriez toutes les robes du Palais sur le corps, qu'il....

LE CAPITAINE, toujours en dedans.

Par la mort! par la tête! si tu ne me laisses entrer, je mettrai le feu à la maison.

COLOMBINE.

Que je suis malheureuse! Le voilà qui entre. Tenez, cachez-vous vite sous cette table-là, et ne remuez pas.

ACTE I, SCÈNE XVI.

NIGAUDIN, se mettant sous la table.

Ah! ma maudite toux me va trahir.

LE CAPITAINE entre sur la scène.

Comment! mordi, Mademoiselle; il est plus difficile d'entrer chez vous que de prendre trois demi-lunes l'épée à la main. Si vous ne changez de portier, ma foi, il faudra rompre tout commerce avec vous. Malepeste! une cravate de Malines qui n'est plus propre qu'à faire de la charpie! Voilà qui est fait, je ne rends plus de visites qu'à des portes bâtardes.

COLOMBINE.

Monsieur, je suis bien fâchée de l'accident de votre cravate; mais....

LE CAPITAINE.

Mais, Mademoiselle, on est bien aise de conserver le peu qu'on a de linge. Je suis revenu trente fois de l'assaut en meilleur équipage. Il est vrai qu'une jolie personne comme vous est un redoutable ouvrage à cornes. (Il râpe du tabac; Nigaudin tousse.) Hem! plaît-il?

COLOMBINE.

Ce n'est rien, Monsieur.... Que voilà un habit bien entendu!

LE CAPITAINE.

Je ne suis pas mal fait, oui; je dois ma taille à une douzaine de bouteilles de vin que je bois réglément par jour : un grand ventre sied bien à la tête d'un bataillon. (Nigaudin tousse.) Ouais! qu'est-ce donc que j'entends ?

COLOMBINE.

Ce n'est rien, vous dis-je. Voilà vos inquiétudes qui vous prennent; vous voudriez déjà être hors d'ici, et vous ne songez pas qu'il y a un siècle qu'on ne vous a vu.

LE CAPITAINE.

J'y viendrois plus souvent; mais tout le genre humain y aborde. Voyez-vous, Mademoiselle, je suis le gentilhomme de France du meilleur commerce; mais, ventrebleu! je ne m'accommode point de vos neutralités.

COLOMBINE.

Mon Dieu! Monsieur, je ménage tout le monde pour des raisons particulières ; mais je sais donner la préférence à qui la mérite. Je me distingue en voyant des gens de cour; les officiers me font plaisir; je trouve des ressources avec les financiers, et pour peu qu'on aime les bagatelles, c'est le moins qu'on puisse avoir que deux ou trois petits abbés dans une maison.

LE CAPITAINE.

Pour les abbés, passe; on sait bien que cette graine-là est nécessaire aux femmes : mais j'enrage de voir à vos trousses un tas de gens de robe, qui sont pour la plupart des croquants, à qui l'esprit n'a été donné que comme le sel aux jambons pour les conserver.

COLOMBINE.

Bon! l'été les femmes les souffrent faute d'officiers : mais ce sont des oiseaux de semestre qui disparaissent avec les hirondelles. Et puis les affaires viennent sans qu'on y pense; on a tous les jours, malgré soi, des procès; et vous savez qu'auprès d'un juge sensible, l'enjouement d'une jolie femme est toujours la meilleure pièce d'un sac.

LE CAPITAINE.

Vous voyez entre autres un certain.... Trigaudin.... Nigaudin; un petit friquet de chicane. Par la ventrebleu! si jamais je l'y rencontre ; je n'aime pas le bruit, mais assurément je lui couperai les oreilles.

(Nigaudin tousse, et Colombine tousse aussi, de peur que le Capitaine ne l'entende.)

COLOMBINE.

Hé! fi, Monsieur, ne m'en parlez point; je ne le saurois souffrir : c'est une éponge à sottises.

(Elle tousse.)

LE CAPITAINE.

Qu'avez-vous donc, Mademoiselle? Vous me paroissez bien enrhumée.

COLOMBINE.

Ce n'est rien, Monsieur; on ne peut pas toujours se porter si bien que vous. Mon Dieu ! que vous avez bon visage !

LE CAPITAINE.

Je le crois, ma foi, qu'il est bon ; il y a plus de trente ans que je m'en sers jour et nuit : je ne suis pas comme ces femmes qui le mettent le soir sur leur toilette.

SCÈNE XVII.

LE CAPITAINE, COLOMBINE, NIGAUDIN, sous la table; UN SERGENT.

LE SERGENT.

Mon capitaine, ne voulez-vous pas arrêter les parties de ce marchand qui a fourni les justaucorps de la compagnie ?

COLOMBINE.

C'est-à-dire, monsieur le capitaine, que vous ne manquez pas de moyens pour trouver de l'argent.

LE CAPITAINE.

Je veux être un infâme, si j'ai le premier sou pour faire ma compagnie : ce qui me console, c'est que je dois beaucoup. (Il écrit, et sent quelque chose sous la table,) Allons, tirez. Allons, tirez. Pour une demoiselle, il me semble que vous avez là un vilain mâtin sous votre table.

ACTE I, SCÈNE XVII.

COLOMBINE.

Vous rêvez, je crois, avec vos mâtins.

LE CAPITAINE.

Brin-d'amour?

LE SERGENT.

Mon capitaine.

LE CAPITAINE.

Chassez-moi ce chien de dessous cette table.

LE SERGENT, avec sa canne.

Allons, tirez; à la paille.

(Nigaudin sort.)

LE CAPITAINE.

Oh, oh! mon petit ami, et que faites-vous donc ici, s'il vous plaît?

NIGAUDIN.

La Violette, laquais, prenez ma robe.

LE CAPITAINE.

Mon petit ami, si vous ne dénichez au plus vite, je vous ferai amoureusement descendre par la fenêtre.

COLOMBINE.

Monsieur le capitaine, vous êtes un extravagant de vous emporter sans raison. N'ai-je pas fait mon devoir de faire cacher Monsieur pour vous épargner du chagrin? Tant pis pour vous, si vous allez chercher où vous n'avez que faire. (A Nigaudin.) Et vous, Monsieur, de quoi vous avisez-vous de faire du bruit mal à propos? Il n'y a qu'un homme de robe et officier d'un présidial capable de tousser quand on le cache sous une table. Puisque vous avez fait la sottise, démêlez la fusée comme il vous plaira.

(Elle sort.)

SCÈNE XVIII.

LE CAPITAINE, NIGAUDIN.

NIGAUDIN.

Adieu, Monsieur; nous ne serons pas toujours seul à seul; et s'il vous tombe jamais quelque décret sur le corps, je vous apprendrai ce que c'est que de scandaliser un juge chez des femmes.

LE CAPITAINE.

Va, va, petit regrattier de la justice, je me moque de toi et de tes décrets; je suis en garnison dans une bonne citadelle.

NIGAUDIN.

On ne traite pas comme cela un conseiller assesseur, et je m'en plaindrai à votre citadelle.

(Ils sortent l'un d'un côté et l'autre de l'autre.)

FIN DU PREMIER ACTE.

ACTE SECOND.

SCÈNE PREMIÈRE.

TRAFIQUET, PIERROT.

PIERROT.

Monsieur, je viens de chez votre notaire ; il vous prie bien fort de l'excuser ; il ne sauroit venir aujourd'hui.

TRAFIQUET.

Il faut prendre patience, pourvu qu'il vienne demain.

PIERROT.

Ni demain non plus : il lui est survenu une petite affaire ; je ne crois pas qu'il puisse venir si tôt.

TRAFIQUET.

Et quelle est donc cette affaire ?

PIERROT.

C'est, Monsieur, qu'il est mort.

TRAFIQUET.

Il est mort ! Tu as raison ; je ne crois pas qu'il revienne de long-temps. C'est bien dommage ; c'étoit le seul honnête homme de notaire que j'aie encore trouvé. Hé! dis-moi, as-tu eu des nouvelles de notre homme?

PIERROT.

Ho! oui, Monsieur; pour celui-là, on m'a dit qu'il étoit arrivé par le poulailler du Maine, et qu'il demeuroit tout rasibus de chez nous.

TRAFIQUET.

Le ciel en soit loué! Je me déferai peut-être à la fin de ma fille, et je ne verrai plus dans ma maison des animaux de toute sorte d'espèces, et particulièrement cette assemblée de femmes, ou plutôt cette académie de folles qui s'y tenoit.

PIERROT.

Tout franc, Monsieur, je commençois à être bien las de toutes ces visageresses, et j'étois résolu de prendre mon congé ou de vous donner le vôtre. Mais, Monsieur, je voudrois bien vous lâcher un petit mot, tandis que je sommes sur la chose du mariage.

TRAFIQUET.

Parle, Pierrot; que me veux-tu?

PIERROT.

Monsieur, regardez-moi bien; tel que vous me voyez, je me vais marier.

TRAFIQUET.

Toi, te marier! es-tu fou?

ACTE II, SCÈNE I.

PIERROT.

Ce qui me console, Monsieur, c'est que celle que j'épouse est aussi folle que moi.

TRAFIQUET.

Et qui est donc cette malheureuse-là?

PIERROT.

Oh! Monsieur, vous la connoissez bien; c'est... mademoiselle votre fille.

TRAFIQUET.

Ma fille? ma fille Colombine?

PIERROT.

Vraiment, Monsieur, cela est tout prêt; on n'attend plus que votre consentement et le sien.

TRAFIQUET.

Je ne sais, maraud, à qui il tient que je ne t'assomme de coups.

PIERROT.

Mais, Monsieur, il ne faut pas se fâcher; cela n'est pas si inégal. Je suis un garçon, une fois, et elle est une fille; et puis, Monsieur, je ne sais ce que c'est que de faire le blêche : vous me donnez quinze écus par an; j'aime mieux n'en gagner que dix et être votre gendre. Voilà comme je parle, moi.

TRAFIQUET *lui donne des coups de canne.*

Et moi, voilà comme je réponds.

PIERROT.

Eh! fi donc, monsieur; est-ce comme ça qu'on parle de mariage?

~~~~~~

SCÈNE II.

ARLEQUIN, TRAFIQUET, PIERROT.

PIERROT.

Tenez, voilà votre diable de bailli; est-ce qu'il est mieux fait que moi?

ARLEQUIN.

Je crois, Monsieur, que vous avez plus d'impatience de me faire votre gendre, que je n'en ai de vous voir mon beau-père. Vous avez une fille: *ergò* vous êtes pourvu d'une drogue dont vous voudriez être défait; car une fille, c'est une fleur qui se fane; si elle n'est cueillie dans sa saison; c'est un quartaut de vin de Champagne qui jaunit, s'il n'est bu dans sa primeur.

PIERROT.

Monsieur du quartaut, vous n'en aurez peut-être que la baissière.

TRAFIQUET.

J'espère, Monsieur, que vous ne vous repentirez pas de l'affaire que vous faites; car je puis vous assurer que je vous livre une fille toute neuve, et qui vous fera dans la suite un très-bon usé.

ARLEQUIN.

Ah! cette marchandise-là ne dure toujours que trop. Vous pouvez aussi vous vanter que vous serez le beau-père de France le mieux engendré. Je n'ai aucune mauvaise qualité; je hais le vin à la mort; j'ai une aversion incroyable pour le jeu, et je suis fort aisé à vivre : je ne crois pas avoir assommé plus de vingt paysans; et si, ce n'étoit que pour des bagatelles, quelques rentes seigneuriales.

(Il tire son mouchoir, et laisse voir dans sa poche un pistolet et une bouteille ; il fait tomber des dés et des cartes.)

TRAFIQUET.

(à part.)

Voilà cet homme si doux, qui ne joue et qui ne boit pas! (Haut.) Vous dites donc, Monsieur, que ma fille sera doucement avec vous; et qu'est-ce que c'est que cela, s'il vous plaît?

(Il montre le pistolet.)

ARLEQUIN.

Je porte toujours cela sur moi, car je n'aime pas à être contredit.

TRAFIQUET.

Vous m'assurez que sa dot ne court point de risque entre vos mains, et que vous ne jouez point?

(Il montre les cartes qui sont à terre.)

ARLEQUIN.

Fi! Monsieur; il n'y a que des fripons qui

s'amusent à ce métier-là. Je porte quelquefois des cartes et des dés par complaisance; mais je ne m'en sers qu'en compagnie, et je vous assure que si j'étois seul je ne jouerois jamais.

PIERROT.

Je vous l'ai toujours dit, Monsieur; il n'y a que les mauvaises compagnies qui gâtent la jeunesse.

TRAFIQUET.

Pour du vin, vous n'en buvez pas?

ARLEQUIN.

La crapule me fait horreur. Est-ce que les honnêtes gens boivent du vin?

TRAFIQUET.

Je vois pourtant là quelque chose qui a assez la physionomie d'une bouteille.

PIERROT.

Bon! Monsieur, vous avez la berlue.

ARLEQUIN.

Oui, parbleu! il l'a; ce n'est que de l'eau-de-vie que je porte à une femme de qualité qui est en couche.

TRAFIQUET.

Allons, allons, il faut passer par là-dessus : on ne fera pas un homme exprès pour moi. Apparemment vous n'épouserez pas ma fille sans la voir? Pierrot, dis à Colombine qu'elle vienne saluer Monsieur.

PIERROT.

Elle n'est pas ici.

TRAFIQUET.

Elle n'est pas ici?

PIERROT.

Non, Monsieur; j'ai vu un chevalier avec un abbé qui sont venus pour l'emprunter jusqu'à sept heures.

ARLEQUIN.

L'emprunter ! Comment donc? est-ce là cette fille si neuve? Si on me l'emprunte comme cela quand elle sera ma femme, elle ne durera pas si long-temps que je pensois. Mon garçon, la fille de monsieur se prête donc quelquefois de main en main quand on la demande?

PIERROT.

Oui, Monsieur, tous les jours; il y a tout plein d'honnête monde qui la vient prendre pour la divertir.

ARLEQUIN.

Oui, Monsieur du beau-père! En tout cas, si dans six mois ou un an je ne m'accommodois pas de votre fille, en perdant quelque chose dessus, vous la reprendriez.

TRAFIQUET.

Il n'y a rien à perdre sur cette fille-là; vous en trouverez toujours votre argent.

SCÈNE III.

TRAFIQUET, ARLEQUIN, COLOMBINE, PIERROT.

PIERROT.

On ne parle point du loup qu'on n'en voie la queue. Tenez, la voilà. Ne vous avois-je pas bien dit qu'elle viendroit souper avec vous? Il n'y a point de fille à Paris si bien morigénée; elle ne couche jamais en ville.

TRAFIQUET.

Ma fille, voilà le bailli en question : tu ne voudras peut-être pas lui ouvrir ton cœur en ma présence? Monsieur, je ne vous rends pas un méchant office de vous laisser seul avec votre maîtresse.

(Il sort avec Pierrot.)

Pierrot fait des mines en quittant Colombine.

SCÈNE IV.

COLOMBINE, ARLEQUIN.

ARLEQUIN, reculant.

Ne vous étonnez pas, Mademoiselle, si vous me voyez reculer trois pas au frontispice de vos charmes : vous avez des yeux capables d'embraser tout le bailliage de mon cœur; et depuis qu'on porte des bouches, on n'a jamais bouchonné un bouchon si bouchonnable.

COLOMBINE.

Je suis confuse de vos civilités, Monsieur; et il faudroit avoir plus d'esprit que je n'en ai pour répondre à un compliment aussi bien tourné.

ARLEQUIN.

Il est vrai que pour des compliments, il n'y a personne dans notre province qui ose me prêter le collet. J'ai harangué une fois notre intendant pendant deux heures, avec tant d'éloquence, qu'il s'endormit tout debout, et ne s'éveilla qu'une heure après que j'eus fini.

COLOMBINE.

De pareils efforts d'esprit sont bons pour la province; mais à Paris on aime à parler terre à terre.

ARLEQUIN.

Bon! a-t-on de l'esprit à Paris? Sitôt qu'il y a un fat dans un pays, on l'y envoie; c'est le rendez-vous de tous les sots de la France; et, de tous les Parisiens, je ne vois que les Normands et les Manceaux qui aient un peu de brillant.

COLOMBINE.

A vous entendre parler, vous ne paroissez pas

content des cavaliers de ce pays-ci ; et des dames, qu'en dites-vous ?

ARLEQUIN.

La, la ; elles sont d'assez bonne amitié : j'en ai trouvé quelques-unes de jolies en mon chemin ; mais, tout franc, je n'en ai point encore vu une de votre calibre.

COLOMBINE.

Il faut pourtant tomber d'accord qu'elles ont un tour d'esprit et des manières de se mettre que les femmes de province n'ont pas.

ARLEQUIN.

Oui-dà, oui-dà ; je trouve qu'elles se coiffent raisonnablement haut, et je crois que leurs maris ne sont guère coiffés plus bas.

COLOMBINE.

Où passe-t-on le temps avec plus d'économie ? Aujourd'hui à l'Opéra, demain à la Comédie, un autre jour au bal ; on entrelace cela de parties de jeu et de promenades. Vous voyez bien qu'il n'y a point de lieu où une femme soit si façonnière.

ARLEQUIN.

Pour moi, je trouve cela le plus joli du monde ; mais que disent les maris à Paris ?

COLOMBINE.

Les maris disent ce qu'ils veulent, et les femmes font ce qui leur plaît ; c'est la mode du pays.

ARLEQUIN.

Les femmes feront durer cette mode-là le plus qu'elles pourront. Et, s'il vous plaît, quand une femme revient du bal à cinq heures du matin avec un cavalier, qu'elle éveille toute la maison, que disent les maris à Paris?

COLOMBINE.

Ils ne disent rien; dès que la femme est rentrée, ils se rendorment.

ARLEQUIN.

Un homme qui a le sommeil si bien en main n'a pas besoin d'être bercé. Mais, je vous prie, lorsqu'une femme vend ses pierreries pour faire l'équipage de quelque galant homme qui va à l'armée, que disent les maris à Paris?

COLOMBINE.

Oh! les Parisiens sont trop bons serviteurs du Roi pour trouver cela mauvais.

ARLEQUIN.

Je ne m'en dédis point, voilà de bonnes gens que ces Parisiens-là. Vaille que vaille, puisque j'ai fait les frais du voyage, je vous épouserai; mais à condition que, dès le lendemain de la noce, vous vous mettrez dans la carriole du Mans pour venir régenter les chapons de ma basse-cour : l'air de Paris donne trop de maux de tête.

COLOMBINE.

Quelque loi que vous m'imposiez, elle me paroîtra toujours douce, pourvu que je sois sûre de passer avec vous le reste de mes jours : vous me tenez lieu de tout; et du moment que je vous ai vu, j'ai senti pour vous.... Ah! ne m'obligez pas de m'expliquer; j'en dirois peut-être plus que je ne veux.

ARLEQUIN.

Les filles de ce pays-ci sont faites avec des étoupes; il ne faut qu'une étincelle....

COLOMBINE.

J'ai une grâce à vous demander : les filles, comme vous savez, ont beaucoup d'ambition sur le fait du mariage; j'ai eu toute ma vie une noble horreur pour les baillis du Maine; ne pourriez-vous point changer de charge, et vous faire homme de qualité?

ARLEQUIN.

Très-volontiers ; rien n'est plus aisé : aussi-bien je suis en pourparler avec un marquis de nos cantons qui s'en va à l'armée; et, comme il a besoin d'argent, il veut me vendre sa charge de marquis avec sa pratique.

COLOMBINE.

Oh! Monsieur, que cela me fera de plaisir! Mais, en achetant une charge de marquis, n'oubliez pas,

ACTE II, SCÈNE IV.

s'il vous plaît, de vous faire donner les airs déhanchés de ces messieurs-là.

ARLEQUIN.

Oh! je n'en ai que faire : quand on a été toute sa vie élevé dans le Bas-Maine, les airs de cour ne sont que trop familiers. Adieu, ma belle enfant; touchez là : dans une heure au plus tard, je vous fais marquise ou baillivesse; vous choisirez.

SCÈNE V.

COLOMBINE, seule.

La sotte pécore qu'un homme qui a le mariage en tête! Une fille un peu savante sur l'article le manie comme un chamois. Voyez, je vous prie, cet idiot de bailli qui va se faire marquis. Pour m'essayer, le premier marquis qui me tombera sous la pate, j'en ferai un procureur fiscal.

(Scènes italiennes.)

SCÈNE VI.

TRAFIQUET, COLOMBINE.

TRAFIQUET.

Je vous prie, mademoiselle ma fille, de ne point m'échauffer les oreilles; je sais ce qu'il vous faut, et c'est à vous d'obéir quand je vous ai choisi un mari, entendez-vous?

COLOMBINE.

Comme je suis une partie des plus intéressées dans l'affaire, je crois, mon père, que mon choix est du moins aussi nécessaire que le vôtre; et je vous dirai franchement que cet homme-là n'est point fait pour moi.

TRAFIQUET.

N'est point fait pour vous! J'en suis d'avis; il faut vous l'essayer. Mais voyez, je vous prie, comme cela fait la raisonneuse!

COLOMBINE.

Je vous dis encore une fois, mon père, laissez-moi mener cette affaire-là. Vous êtes plus vieux que moi, j'en conviens; mais je me connois mieux en maris que vous.

ACTE II, SCÈNE VI.

TRAFIQUET.

Et que trouvez-vous, s'il vous plaît, à redire au mari que je vous propose?

COLOMBINE.

Bon! c'est un homme qui se présente de front au mariage, et ne sait pas ce que c'est qu'un préliminaire d'amour.

TRAFIQUET.

Hé! de par tous les diables! comment veux-tu donc qu'il se présente? Tant mieux, s'il entre tout de suite en matière; en fait de mariage, je n'aime point à voir préluder.

COLOMBINE.

Quoi! mon père, vous voudriez....

TRAFIQUET.

Oui, je le veux.

COLOMBINE.

Vous prétendez qu'un homme que je n'ai jamais vu....

TRAFIQUET.

Oui, je le prétends.

COLOMBINE.

J'ai trop de raison pour....

TRAFIQUET.

Si tu as de la raison tu dois m'obéir, et prendre le parti qui se présente.

SCÈNE VII.

TRAFIQUET, COLOMBINE, OCTAVE.

(Octave, dans le fond du théâtre, fait des mines à Colombine, sans être vu de Trafiquet.)

COLOMBINE.

Le parti qui se présente ?

TRAFIQUET.

Oui, le parti qui se présente.

COLOMBINE.

Assurément ?

TRAFIQUET.

Oui, s'il vous plaît ; il ne faut point tant faire de gestes et de grimaces : est-ce qu'il lui manque quelque chose ?

COLOMBINE.

Je ne dis pas cela.

TRAFIQUET.

Est-il tortu ou bossu ?

COLOMBINE.

Je trouve sa taille dégagée et engageante.

TRAFIQUET.

Est-ce qu'il n'a point d'esprit ? Va, va, ce n'est pas le plus nécessaire en ménage.

ACTE II, SCÈNE VII.

COLOMBINE.

Son esprit me charme, et je connois peu de gens qui en aient plus que lui.

TRAFIQUET.

Et pourquoi donc n'en veux-tu point?

COLOMBINE.

Moi, je n'en veux pas! Il faudroit, mon père, que je fusse bien aveugle ou bien insensible pour refuser un tel parti.

TRAFIQUET.

Oh! que ne parles-tu donc? J'allois me mettre en colère. Voyez, je vous prie, quand on ne s'entend pas. Viens, ma fille, que je t'embrasse.

COLOMBINE.

Que cet embrassement me fait de plaisir!

(Colombine, en embrassant Trafiquet, donne sa main à baiser à Octave.)

TRAFIQUET.

Tu réponds dignement aux soins que j'ai pris de ton éducation.

COLOMBINE.

J'aimerois mieux mourir, mon père, que de vous désobliger.

TRAFIQUET.

Tu me promets donc de ne plus songer à cet étourdi?

COLOMBINE.

Je ne le verrai de ma vie; c'est un homme que je ne puis souffrir.

TRAFIQUET.

Et moi, pour reconnoître ton obéissance, je te promets d'augmenter ton trousseau de six chemises, et d'aller te voir toutes les fêtes et dimanches quand tu seras au Maine.

COLOMBINE.

Au Maine, mon père! et que faire là?

TRAFIQUET.

Accompagner ton mari.

COLOMBINE.

Mon mari! Ce n'est pas son dessein de quitter Paris.

TRAFIQUET.

Vraiment si; il est bailli du Maine.

COLOMBINE.

Octave est bailli du Maine! depuis quand donc?

TRAFIQUET.

Que diable veux-tu donc dire avec ton Octave? Je crois que tu es folle.

COLOMBINE.

Quoi! ce n'est pas Octave que vous voulez me donner pour mari?

TRAFIQUET.

Non, assurément.

COLOMBINE.

Bon, bon! vous voulez rire.

TRAFIQUET.

Je ne ris point, et je veux....

(Il aperçoit Octave, qui lui fait une révérence et s'en va.)

SCÈNE VIII.

TRAFIQUET, COLOMBINE.

TRAFIQUET.

C'est donc ainsi, coquine, que tu fais état de mes remontrances, et que tu te moques de moi!

COLOMBINE.

Mon père....

TRAFIQUET.

Va, je t'abandonne.

COLOMBINE.

Hé! mon père....

TRAFIQUET.

Je te déshérite.

COLOMBINE, d'un ton doux.

Mon petit papa!

TRAFIQUET.

Je te donne ma malédiction, et tu mourras vieille fille.

SCÈNE IX.

COLOMBINE, seule.

Oh! criez tant qu'il vous plaira. Je n'irai pas perdre un amant pour la mauvaise humeur d'un père : nous sommes dans un temps où il faut garder le peu qu'on en a.

SCÈNE X.

COLOMBINE, PIERROT.

COLOMBINE.

Voici notre amoureux Pierrot ; il faut l'écouter un moment et nous en divertir.

PIERROT, sans voir Colombine.

Enfin, Pierrot, te voilà dans le bourbier jusqu'au cou. De quoi t'avises-tu d'être amoureux? Tu ne fais plus que quatre repas par jour; tu ne saurois plus t'éveiller qu'à midi sonné ; tu vois bien qu'en cet état-là tu ne peux pas faire longue vie. Hé bien! je mourrai. Tu mourras! Sais-tu bien qu'il n'y a rien de si triste que la mort? Il n'importe; je ne verrai plus cette cruelle; je ne verrai plus cette ingrate, cette....

(Il aperçoit Colombine.)

ACTE II, SCÈNE X.

COLOMBINE.

Que dis-tu là ?

PIERROT.

Je dis,.... je dis, Mademoiselle, que quand je serai mort je ne verrai plus goutte.

COLOMBINE.

C'est donc à dire que ta folie te dure toujours ?

PIERROT.

Mademoiselle, assurément vous me ferez faire quelque mauvais coup : je me serois déjà jeté vingt fois par la fenêtre de notre grenier, s'il avoit été seulement un étage plus bas.

COLOMBINE.

Tu te moques, Pierrot ; quand on est bien amoureux, on n'est pas à un étage près. Je te conseille, de ce pas, d'aller faire ce saut-là pour l'amour de moi.

PIERROT.

Allez, vilain petit porc-épic, le ciel vous punira. O amour ! amour ! ô Pierrot, Pierrot !

SCÈNE XI.

COLOMBINE, un laquais.

LE LAQUAIS.

Mademoiselle, voilà la comtesse de Flamèche et la marquise de Bistoquet qui demandent à vous voir.

COLOMBINE.

La comtesse de Flamèche et la marquise de Bistoquet ! Je ne connois point cela. De quel mauvais vent ces femmes-là abordent-elles chez moi ? Il faut que ce soient des provinciales.

LE LAQUAIS.

Ce sont des dames qui disent qu'elles demeurent depuis peu dans le quartier.

COLOMBINE.

Faites-les entrer. Voilà de ces chiennes de visites que l'on ne sauroit éviter.

SCÈNE XII.

COLOMBINE, MEZZETIN, en comtesse de Flamèche; PASQUARIEL, en marquise de Bistoquet. (1)

(Le laquais qui tient la queue de la Marquise, la tient fichée dans sa culotte, et de ses deux mains casse des noix. Colombine, Mezzetin et Pasquariel parlent tous trois ensemble.)

MEZZETIN.

Hé! bonjour, Mademoiselle; comment vous portez-vous? Il y a mille ans que j'ai envie de vous venir voir, et de profiter de l'honneur de votre voisinage.

PASQUARIEL.

On a dû vous dire, Mademoiselle, que mon équipage s'est arrêté vingt fois à votre porte; mais vous êtes introuvable et toute des plus rares.

COLOMBINE.

En vérité, Mesdames, je suis dans la dernière confusion d'avoir si mal profité de l'honneur de votre visite. Holà, quelqu'un! des siéges.

(Elles se taisent toutes les trois, et recommencent à parler ensemble.)

---

(1) Octave envoie Mezzetin et Pasquariel sous ce déguisement, pour achever de dégoûter Colombine du bailli.

MEZZETIN.

Peut-on savoir, la belle, quels sont vos plaisirs ? Vous êtes toujours dans le grand monde ; on dit que c'est vous qui faites l'honneur du quartier.

PASQUARIEL.

Mais voyez ce teint, je vous prie, madame la Comtesse ! (à Colombine.) Apparemment que vous l'avez pris du bon faiseur : je n'ai jamais rien vu d'aussi charmant.

COLOMBINE.

Je suis ravie, Mesdames, d'avoir un voisinage aussi agréable que le vôtre. Quand vous voudrez, nous jouerons ensemble ; mais je vous avertis que je suis la plus malheureuse fille du monde.

(Elles se taisent encore.)

MEZZETIN.

Nous faisons nos visites de quartier. Une charrette de foin a fait un embarras, ce qui nous a obligées de nous sauver chez Lamy, où nous avons bu chacune trois bouteilles de vin pour nous désennuyer.

COLOMBINE.

Six bouteilles de vin à deux femmes !

PASQUARIEL.

Il faut dire la vérité ; madame la Comtesse porte le vin comme un charme.

MEZZETIN.

Madame la Marquise veut qu'on lui rende justice, et qu'on lui dise qu'il n'y a point de Breton qu'elle ne boive par dessous la jambe; c'est bien le plus hardi vin de femme!

COLOMBINE.

Avec ces talents-là, Mesdames, il est à présumer que vous êtes mariées en Bourgogne ou en Champagne.

MEZZETIN.

Vous ne vous trompez point. A propos de mariage, ma belle voisine, on m'a dit que vous couchiez la noce en joue. Une fille comme vous peut-elle se résoudre à cette vilenie-là?

COLOMBINE.

Pour moi, Madame, je ne trouve rien de vilain à faire tout ce que le monde fait, et ce que vous avez fait vous-même.

MEZZETIN.

Il est vrai : mais je n'avois que quinze ans pour lors; vous savez que c'est un âge terriblement scabreux pour une fille. Pourrez-vous abandonner votre taille aux accidents du mariage?

COLOMBINE.

J'ai assez de peine à m'y résoudre; mais que voulez-vous? Il faut bien prendre le bénéfice avec les charges.

PASQUARIEL.

Faites comme moi, Mademoiselle; depuis que j'ai épousé mon mari, nous ne couchons plus ensemble.

MEZZETIN.

Cela est fort bon pour vous, madame la Marquise, qui avez quantité d'enfants de votre premier lit; mais une fille qui se marie est bien aise de savoir au juste à quoi elle est propre.

PASQUARIEL.

Pour moi, je suis malheureuse en garçons; je n'en saurois élever; je n'en ai plus que dix-sept.

COLOMBINE.

Dix-sept! En vérité, Madame, l'état vous est bien obligé de lui donner tant de bons sujets.

MEZZETIN.

J'en aurois bien eu vingt-cinq ou trente, si tout étoit venu à profit; mais les fausses-couches ont fait de terribles brèches dans ma famille. Le diroit-on à ma taille?

(Il se promène.)

COLOMBINE.

Elle est d'une finesse extraordinaire; on croiroit que vous allez rompre.

MEZZETIN.

Depuis deux ans, Dieu merci, j'en suis un peu la maîtresse: j'ai obligé monsieur le Comte à faire

ACTE II, SCÈNE XII.

lit à part; car je suis présentement bien revenue de la bagatelle.

COLOMBINE.

Et monsieur votre époux prendra-t-il toujours ce petit divorce en patience?

MEZZETIN.

Madame, il fera comme il pourra.

PASQUARIEL.

Peut-on savoir, ma chère, qui vous épousez?

COLOMBINE.

Plusieurs partis me recherchent; mais mon père me destine à un bailli du Maine, et.....

PASQUARIEL.

A un bailli!..... à un bailli!..... Ah! ouf! je me trouve mal! Un bailli! Ah! quelle ordure!

COLOMBINE.

Comment donc, Madame! avez-vous des vapeurs?

MEZZETIN.

Ah! Mademoiselle, vous ne deviez jamais lâcher le mot de bailli. A l'heure qu'il est, cela me dévoie. Un bailli! Encore si c'étoit un procureur-fiscal!

(Ils se jettent sur leurs siéges en faisant beaucoup de contorsions.)

COLOMBINE.

Ah! que je suis malheureuse! Voilà deux femmes

qui vont me demeurer dans les mains. Holà! quelqu'un, mes laquais, ma femme-de-chambre!

MEZZETIN et PASQUARIEL, ensemble.

Un bailli!

(A la porte ils font beaucoup de cérémonies pour passer.)

PASQUARIEL.

Non, Madame, assurément je ne passerai pas, ou la peste m'étouffe!

MEZZETIN.

Si je passe la première, je veux que cinq cent mille diables me tordent le cou!

(A force de civilités, de contorsions, leurs coiffures tombent.)

SCÈNE XIII.

COLOMBINE, seule.

Non, je ne crois pas que de mémoire d'homme on ait reçu une visite aussi impertinente. Elles n'ont que faire de me tant dégoûter du bailli; si je l'épouse, ce ne sera qu'à mon corps défendant.

(Il y a ici quelques scènes italiennes, dans lesquelles Mezzetin et Pasquariel rendent compte à Octave du succès de leurs fourberies; celui-ci les engage à ne pas s'en tenir là, et l'on concerte de se déguiser en Bohémiens, d'aller trouver Arlequin, et de lui dire sa bonne aventure. Ces scènes préparent les scènes françoises suivantes.)

SCÈNE XIV.

ARLEQUIN, MEZZETIN, PASQUARIEL, DEUX BOHÉMIENNES, SUITE DE BOHÉMIENS.

(Mezzetin et Pasquariel, déguisés en Bohémiens, abordent Arlequin, dansent et chantent autour de lui.)

ARLEQUIN.

QUAND vous serez las de chanter, vous me direz peut-être ce que vous me voulez. (Ils continuent de chanter et de danser.) (à Mezzetin.) Monsieur le meneur de ballets, peut-on savoir qui sont ces sauterelles-là ?
(Il montre les deux Bohémiennes.)

MEZZETIN.

Monsieur, ce sont des filles surnaturelles, qui connoissent les astres, les langues, et tout ce qu'il y a de plus extraordinaire au monde et hors du monde ; elles ne parlent qu'en vers : enfin, ce sont des filles d'un mérite sublime.

ARLEQUIN.

Puisque ces créatures-là savent tant de belles choses, elles pourront donc bien me déterminer sur un mariage ?

MEZZETIN.

Vous ne pouvez pas mieux vous adresser.
(Il s'en va en chantant avec sa troupe.)

SCÈNE XV.

ARLEQUIN, LES DEUX BOHÉMIENNES.

ARLEQUIN, *se mettant au milieu d'elles.*

MESDAMES, pour venir à la conclusion,
Vous saurez que je sens une convulsion,
Un appétit, nommé vapeurs de mariage;
Un là.... quelque Arlequin qui demande passage.
Me dois-je marier?

(*La première Bohémienne gesticule et ne dit mot.*)

Oh! vous avez raison.
Et vous, à votre avis, me marîrai-je, ou non?

(*La seconde Bohémienne gesticule et ne dit mot.*)

C'est bien dit; à ces mots il n'est point de réplique.
Dans leur langue, à mon tour, il faut que je m'explique.

(*Il fait beaucoup de gestes sans rien dire, ensuite il continue.*)

Vous m'entendez donc bien : enfin, sans tant parler,
(Car cela vous fait mal) devrois-je convoler?

PREMIÈRE BOHÉMIENNE.

Oui.

SECONDE BOHÉMIENNE.

Non.

ARLEQUIN.

Comment?

ACTE II, SCÈNE XV.

PREMIÈRE BOHÉMIENNE.

Oui.

SECONDE BOHÉMIENNE.

Non.

ARLEQUIN.

Quelle peste de gamme !

PREMIÈRE BOHÉMIENNE.

C'est manquer de bon sens que de vivre sans femme.

SECONDE BOHÉMIENNE.

Et pour se marier, il faut être archi-fou.

ARLEQUIN.

Celle-ci, par ma foi, lui rive bien son clou.

PREMIÈRE BOHÉMIENNE.

Oui, l'hymen est des dieux le plus parfait ouvrage ;
C'est le port assuré dans le libertinage,
Le nœud qui nous unit avec de doux accords,
La porte des plaisirs qu'on goûte sans remords,
Le bridon qui retient la jeunesse fougueuse,
L'onguent qui guérit seul la brûlure amoureuse,
Des blessures du cœur l'appareil souverain,
Et la forge, en un mot, de tout le genre humain.

ARLEQUIN.

J'en connois bien pourtant de plus d'une fabrique,
Qui ne furent jamais faits dans cette boutique ;
Enfants du pur hasard ; et, sans aller plus loin,
J'en trouverois peut-être ici plus d'un témoin.

SECONDE BOHÉMIENNE.

Non, l'hymen, quel qu'il soit, est un dur esclavage,
Une mer où l'honneur bien souvent fait naufrage,
Un grand chemin rempli de voleurs dangereux,
Une terre fertile en bois malencontreux,
Un magasin de fraude, où l'on fait de commande
Marchandise mêlée et bien de contrebande ;
C'est l'écueil du plaisir : pour tout dire en un mot,
C'est une souricière où l'on attrape un sot.

ARLEQUIN, à la première Bohémienne.

Cet avis, à mon goût, vaut bien l'autre, Madame.

PREMIÈRE BOHÉMIENNE.

Un homme ne sauroit vivre content sans femme ;
Sans elle une maison iroit tout de travers :
Elle sait du destin partager les revers ;
Elle sert un mari, soulage sa vieillesse :
La femme est dans le monde un miroir de sagesse, (1)
Le temple de l'honneur, le chef-d'œuvre des cieux ;
La beauté fut son lot, l'esprit son apanage,
La vertu son domaine, et l'honneur son partage.

ARLEQUIN.

Oui, cela se disoit du temps de Jean-de-Vert.

SECONDE BOHÉMIENNE.

Plutôt que prendre femme, épousez un désert :

---

(1) Dans toutes les éditions qui ont été faites de cette pièce, il n'y a point de vers qui rime avec le suivant.

Par elle une maison va tout en décadence;
Elle ne met jamais de frein à sa dépense;
Elle accroît les chagrins, loin de les partager:
La femme est en tout temps un éminent danger,
Un vaisseau sur lequel le nocher le plus sage
Appréhende le calme autant qu'il fait l'orage;
C'est l'arsenic du cœur : la fureur la conduit;
L'inconstance en tout temps ou l'escorte, ou la suit,
Et la vengeance, enfin, est toujours devant elle.

ARLEQUIN.

Oh! vous avez raison; je sais qu'une femelle
Qui prétend se venger d'un époux offensif,
Devient des animaux le plus vindicatif.

PREMIÈRE BOHÉMIENNE.

Quand on la nomme un mal et doux et nécessaire,
C'est qu'on lui voit toujours quelque vertu pour plaire;
Si le ciel ne l'a pas faite avec un beau corps,
Il aura sur l'esprit répandu ses trésors;
Si des biens de fortune elle n'est point fournie,
Elle se fait un fonds de son économie :
La sotte d'ordinaire a l'esprit complaisant,
La folle quelquefois plaît par son enjoûment;
Dans une femme, enfin, toujours quelque mérite,
De ses petits défauts aisément nous racquitte.

ARLEQUIN.

Qui nous racquittera, dites-nous, s'il vous plaît,
Lorsque de notre honneur elle tire intérêt?

SECONDE BOHÉMIENNE.

Si de quelques vertus les femmes sont pourvues,
Ces vertus de défauts sont souvent corrompues;
La belle est toujours bête, ou croit qu'un teint fleuri
Est un trop beau morceau pour un sot de mari;
La savante ne dit que vers, métamorphose,
Et méprise un époux qui ne parle qu'en prose :
Celle qui d'un beau sang voit ses pères issus,
Vous compte ses aïeux pour toutes ses vertus.
Non, quelque qualité qui règne dans son âme,
Quelque vertu qu'elle ait, c'est toujours une femme;
C'est-à-dire attentive à l'amant qui languit,
Et vous savez, *casta quam nemo rogavit.*

ARLEQUIN.

Voilà, je vous l'avoue, un extrait de sorcière,
Que les femmes devroient jeter dans la rivière;
Elle en dit peu de bien.

SECONDE BOHÉMIENNE.

     Touchez là, j'en dirai,
Foi de fille d'honneur, sitôt que j'en saurai.

ARLEQUIN, à la première Bohémienne.

Mais parlez-moi françois;.... là, si je me marie,
Ne serai-je point,.... là......

PREMIÈRE BOHÉMIENNE.

    Quoi, là ?

ARLEQUIN.

      Je vous en prie,

ACTE II, SCÈNE XV.

Ne me déguisez rien.

PREMIÈRE BOHÉMIENNE.

Quoi donc?

ARLEQUIN.

Là, ce qu'étoit
Peut-être votre époux dans le temps qu'il vivoit.

PREMIÈRE BOHÉMIENNE.

Voilà donc l'enclouûre et le mot péremptoire :
Sur ce point douloureux on en fait bien accroire,
Et l'on en dit bien plus qu'on n'en fait à Paris;
Ce sont là des terreurs pour les petits esprits....

ARLEQUIN.

Et pour les grands parfois.

PREMIÈRE BOHÉMIENNE.

Des visions cornues,
Que les hommes vont mettre en leurs têtes fourchues.

ARLEQUIN.

Ce sont elles, morbleu, qui nous les plantent là,
De par Belzébut.

PREMIÈRE BOHÉMIENNE.

Bon! Approchez, venez çà;
Regardez-moi bien. Non, vous n'avez point la mine
De recevoir échec de la gent féminine.
Vous êtes beau, joli, bien fait....

ARLEQUIN.

Assurément.

PREMIÈRE BOHÉMIENNE.

Vous avez de l'esprit, le port fier, l'air charmant;
Allez, ne craignez rien.

ARLEQUIN.

Mauvaise sauvegarde
Contre les accidents qu'une femme vous garde.

SECONDE BOHÉMIENNE.

Moi je dis, à vous voir seulement par le dos....

ARLEQUIN.

Ah, ciel! nous y voilà.

SECONDE BOHÉMIENNE.

Je vous dis en deux mots,
Que vous avez tout l'air, la physionomie,
L'œil, le nez, la façon, la métoposcopie
D'un homme à qui l'on doit faire un mauvais parti.
Je vois sur votre teint bien du brouillamini.
Vos aspects sont malins, vous avez le front large;
Vous me portez tout l'air d'en avoir une charge.

ARLEQUIN.

Ah! je sens déjà là....
(Il se touche la tête.)

PREMIÈRE BOHÉMIENNE.

Animal défiant,
Vous croyez donc....

ARLEQUIN.

Ma foi! je crois à l'ascendant.

ACTE II, SCÈNE XV.

Ce grand front, cet aspect.... Dans cette conjoncture,
Je crains bien de payer un jour avec usure
Tous les frais de la guerre. Allons, tant que quelqu'un
Plus courageux que moi, prendra femme en commun,
Je prétends me servir des droits du voisinage,
Et laisser qui voudra goûter du mariage.
En ces occasions, on court plus de danger
A bâtir sur son fonds que sur un étranger.
Je ne tâterai point de la cérémonie.

PREMIÈRE BOHÉMIENNE.

Vous n'en tâterez point ! Alte-là, je vous prie.

SECONDE BOHÉMIENNE.

Point de femme, morbleu !

PREMIÈRE BOHÉMIENNE.

Si vous n'en prenez pas,
Vous n'avez pas encor trois jours à vivre.

ARLEQUIN.

Hélas !

SECONDE BOHÉMIENNE.

Et si vous en prenez, moi, je vous signifie
Que demain, au plus tard, vous n'êtes pas en vie.

(Elles le prennent chacune par une manche de son habit.)

ARLEQUIN.

C'en est fait, je suis mort ! je n'en puis revenir.
Prédiseuses du diable, ah ! laissez-moi partir.

PREMIÈRE BOHÉMIENNE.

Avant de vous quitter, il faut que je vous voie

A côté d'une femme.

ARLEQUIN.

Ah ! plutôt qu'on me noie !

SECONDE BOHÉMIENNE.

Pour vous laisser, je veux vous mettre hors d'état
De pouvoir à jamais sortir du célibat.

ARLEQUIN.

N'en faites rien; je suis le dernier de ma race.

PREMIÈRE BOHÉMIENNE.

Que de bruit !

SECONDE BOHÉMIENNE.

Qu'on me suive.

ARLEQUIN.

Hé ! Mesdames, de grâce !
Un accord : je serai six mois de l'an garçon,
Et six mois marié.

PREMIÈRE BOHÉMIENNE.

Marchez.

SECONDE BOHÉMIENNE.

Que de façon !

(Elles le tiraillent de façon qu'elles emportent chacune une manche
de son habit. Il crie au voleur. D'autres Bohémiens l'entourent,
dansent autour de lui et le volent.)

FIN DU SECOND ACTE.

ACTE TROISIÈME.

SCÈNE PREMIÈRE.

COLOMBINE, seule.

Je n'entends point parler de notre bailli; il faut que le traité de cette charge de marquis l'arrête chez quelque notaire. Il n'en est pas encore où il pense; je lui garde le meilleur pour le dernier.

SCÈNE II.

COLOMBINE, UN LAQUAIS.

LE LAQUAIS.

Mademoiselle, voilà un bel esprit qui monte, madame Pindaret.

SCÈNE III.

COLOMBINE, Mme PINDARET.

Mme PINDARET.

Ah! ma chère belle, que je suis heureuse de vous rencontrer! car vous êtes la fille de France la plus introuvable.

COLOMBINE.

On ne m'a point dit, Madame, que vous m'ayez fait cet honneur-là. Il est vrai que j'ai le domestique du monde le plus brutal : qu'une femme de qualité me vienne voir, on ne m'en dit rien; qu'une procureuse frappe à ma porte, on vient m'en faire la honte en pleine compagnie.

Mme PINDARET.

En vérité, Mademoiselle, il faut que votre train soit travaillé d'un prodigieux dévoiement de mémoire; oui, je crois que je suis venue ici plus de dix fois depuis les calendes du mois dernier.

COLOMBINE.

Comment dites-vous cela, s'il vous plaît? Les cal...

Mme PINDARET.

Les calendes, Mademoiselle; c'est la manière de compter des Romains, et la mienne. Si ma servante datoit sa dépense autrement, elle ne coucheroit pas chez moi deux jours de suite. Je veux de l'érudition jusque dans ma cuisine.

COLOMBINE.

Que vous êtes heureuse, Madame, de savoir tant de belles choses ! Si j'avois l'avantage de vous voir souvent, je crois que je deviendrois une habile fille.

Mme PINDARET.

Il faut dire la vérité; on se décrasse en ma compagnie, et tout le monde avoue que je n'ai point la conversation roturière.

COLOMBINE.

Ah! que cela est bien dit! la conversation roturière! Comment pouvez-vous fournir à la dépense d'esprit que vous faites? Si vous ne vous ménagez, vous n'en aurez jamais assez pour le reste de vos jours.

Mme PINDARET.

Bon! cela ne coûte rien à une femme comme moi, qui se joue des auteurs; j'entretiens commerce avec les anciens, et je fraye aussi avec les modernes.

COLOMBINE.

Avec les anciens, Madame!

Mme PINDARET.

Assurément, Mademoiselle; j'en attrape assez le vrai, et je veux vous faire voir quelle est ma lecture quotidienne. Laquais! petit garçon!

SCÈNE IV.

Mme PINDARET, COLOMBINE, un laquais
de madame Pindaret.

Mme PINDARET.

Donnez-moi mon Juvénal.

LE LAQUAIS.

Qu'est-ce que c'est, Madame, que votre Juvénal ?

Mme PINDARET.

Ce livre in-quarto que je vous ai donné tantôt.

LE LAQUAIS.

A moi, Madame, un quartaut ! Vous ne m'avez donné ni quartaut ni bouteille.

Mme PINDARET.

Hé ! le petit ignorant ! Qu'il vous arrive une autre fois de l'oublier !

SCÈNE V.

Mme PINDARET, COLOMBINE.

Mme PINDARET.

Je prends toujours la précaution de me faire escorter de ce livre-là, quand je vais en visite de femmes, pour me dédommager des minuties de leur conversation.

COLOMBINE.

Voilà ce qui s'appelle mettre à profit jusqu'à son ennui.

Mme PINDARET.

Êtes-vous comme moi, ma chère? toutes les visites de femmes me donnent la colique.

COLOMBINE.

Non, Madame, je ne suis point d'une complexion si délicate. A vous dire le vrai, j'aime beaucoup mieux la conversation des hommes, et je voudrois parfois qu'il n'y eût que moi de femme au monde.

Mme PINDARET.

Vous auriez de la chalandise. J'allai voir, il y a quelque temps, une marquise; je ne fus qu'un quart d'heure avec elle, c'étoit pendant la canicule : sa conversation ne laissa pas de m'enrhumer si fort, que je me suis mise au gruau pendant trois semaines pour en revenir.

COLOMBINE.

Cela étant, Madame, quand vous allez en visite de marquise, de crainte de vous enrhumer une seconde fois, il faudroit faire porter un manteau fourré avec votre Juvénal.

Mme PINDARET.

Vous ne sauriez vous imaginer jusqu'où va l'ignorance de cette femme-là.

COLOMBINE.

Une femme de qualité ignorante! Vous me surprenez.

Mme PINDARET.

Ignorantissime! Croiriez-vous?.... Mais non; cela n'entre point dans l'esprit.

COLOMBINE.

Mais encore?

Mme PINDARET.

Croiriez-vous qu'elle ne put jamais me dire dans quelle Olympiade mourut Épaminondas?

COLOMBINE.

Ah, ciel! quelle ignorance! En vérité, Madame, vous fûtes bien heureuse d'en être quitte pour un rhume; cela valoit bien la peine de tomber en apoplexie.

Mme PINDARET.

Il ne tint qu'à moi. A propos, Mademoiselle, avez-vous vu mon madrigal?

COLOMBINE.

Non, Madame; cela n'est pas venu jusqu'à moi.

Mme PINDARET.

Vous n'êtes donc pas de ce monde? C'est une

ACTE III, SCÈNE V.

pièce qui a déjà souffert la troisième édition, et qui a marié les trois filles de mon libraire. Je vais vous le lire.

COLOMBINE.

Vous me ferez, je vous assure, un sensible plaisir.

Mme PINDARET, parcourant plusieurs papiers.

Ce n'est pas cela ; c'est un rondeau sur une absence, que je laisse quelque temps mitonner sur le réchaud de la réflexion... Ni cela ; c'est la vie de Thémistocle, en vers burlesques. Je tiens un poëme épique aux cheveux, qui surprendra tout Paris. Ah! voici notre madrigal.

(Elle lit.)

MADRIGAL,

Sur l'inconstance d'une maîtresse qui changea d'amant, parce qu'il avoit soupiré par le derrière.

Vous entendez bien cela?

COLOMBINE.

Oh! oui, cela s'entend de reste; peu s'en faut que je ne le sente.

Mme PINDARET continue de lire.

Quoi! pour avoir laissé sauver un prisonnier
 Qui n'a de voix que pour crier,
  Votre cœur fait la pirouette,
  Et se fait un nouvel amant!

On dira, volage Lisette,
Que ce cœur est si girouette,
Qu'il change au moindre petit vent.

COLOMBINE.

Ah! Madame, quel merveilleux talent vous avez pour la poésie!

Mme PINDARET.

J'ai d'assez belles humanités, comme vous voyez; mais je vais me donner à la physique.

COLOMBINE.

A la physique, Madame!

Mme PINDARET.

Oui, Mademoiselle. C'est une des plus nobles sciences qu'il y ait; elle a pour objet tout ce qui tombe sous les sens, et par conséquent, le corps humain, qui est la plus belle et la plus parfaite de toutes les structures humaines. Adieu, Mademoiselle; je sens que ma colique veut me reprendre.

COLOMBINE.

Quoi! si tôt, Madame?

Mme PINDARET.

Je ne me prostitue jamais à une longue conversation, et j'aime les visites brèves et laconiques.

SCÈNE VI.

ARLEQUIN, en marquis ridicule; COLOMBINE, Mme PINDARET.

ARLEQUIN, *entre en chantant et dansant.*

Hé bien, morbleu! Madame, les airs de cour nous sont-ils naturels? (*Il fredonne.*) La, lore, la. Vous allez voir comme je vous chamarre une danse sérieuse. Hé! laquais, laquais! lâche-nous un coup de chanterelle. (*à Colombine.*) Je veux tracer un menuet avec vous.

COLOMBINE.

Je vous prie, Monsieur, de m'en dispenser; je suis d'une fatigue outrée, et voilà huit nuits de suite que je cours le bal.

ARLEQUIN.

Il faut donc que Madame danse à votre place?

Mme PINDARET.

Moi, Monsieur! Excusez-moi, s'il vous plaît; je ne danse point, je fais des vers.

ARLEQUIN.

Parbleu! Madame, vous danserez en vers, ou vous creverez en prose.

COLOMBINE.

Allons, courage, Madame; voulez-vous qu'on envoie querir votre Juvénal?

ARLEQUIN danse avec madame Pindaret.
(Madame Pindaret se laisse tomber.)
Voilà un vers à qui il manque un pied.

Mme PINDARET.

Ah! ah! voilà un menuet qui m'a mise sur les dents. J'aimerois mieux faire vingt sonnets que de.... Ah! ah! souffrez, Mademoiselle, que je vous quitte pour aller me mettre au lit.

ARLEQUIN.

Adieu, Madame; allez vous faire tirer trois palettes d'épigrammes de la veine poétique.

SCÈNE VII.

ARLEQUIN, COLOMBINE.

ARLEQUIN.

Hé bien! Mademoiselle, ne vous avois je pas bien dit qu'il n'y avoit guère de marquis plus ridicule que moi?

COLOMBINE.

A vous parler sincèrement, pour un marquis de nouvelle impression, vous ne jouez pas mal votre

ACTE III, SCÈNE VII.

rôle, et l'on croiroit que vous l'auriez étudié toute votre vie.

ARLEQUIN.

Étudié! moi, étudié! Palsembleu! vous ne le prenez pas mal. Étudié! Vous ne savez donc pas que je suis homme de qualité? A peine sais-je écrire mon nom!

COLOMBINE.

Vous voulez vous divertir; je sais ce que je dois croire, et j'appelle de votre modestie.

ARLEQUIN.

Cela est, parbleu, comme je vous le dis; et je veux que le diable m'emporte si jamais j'ai eu d'autres livres qu'un almanach avec un parfait maréchal. Bon! que nous faut-il à nous autres gens de cour? Beaucoup de bonne opinion, saupoudrée de quelques grains d'effronterie. Voilà toute notre science auprès des femmes.

(Il se promène.)

COLOMBINE.

Mais où allez-vous donc? Vous avez des inquiétudes horribles dans les jambes, et vous ne sauriez vous tenir un moment en place.

ARLEQUIN.

Ma foi, Mademoiselle, il faut du plain-pied à un marquis. Je voudrois que vous vissiez à la Comédie le terrain que j'occupe sur le théâtre. Oh, parbleu!

la scène n'est jamais vide avec moi. Il n'y a que le théâtre de l'Opéra où je me trouve un peu en brassière ; je n'y saurois pirouetter à ma fantaisie.

COLOMBINE.

C'est-à-dire que vous n'oseriez pas y faire le fanfaron comme ailleurs.

ARLEQUIN.

Je suis pourtant toujours sur le bord du théâtre. Il y a long-temps que j'ai secoué la pudeur de ces demi-gens de qualité qui commencent à se donner au public. Ventrebleu ! je ne tâte point des coulisses ; sur l'orchestre, morbleu ! sur l'orchestre.

COLOMBINE.

Je ne sais pas, pour moi, quel plaisir prennent certaines gens, à la comédie, de venir étouffer un acteur jusque sur les chandelles. Comment voulez-vous qu'un pauvre diable de comédien se fasse entendre au bout d'une salle ? il faut donc qu'il crève ?

ARLEQUIN.

Parbleu ! qu'il crève s'il veut, il est payé pour cela.

COLOMBINE.

Mais, de bonne foi, Monsieur le Marquis, croyez-vous que ce soit pour voir peigner votre perruque, prendre du tabac, et faire votre carrousel

ACTE III, SCÈNE VII.

sur le théâtre, que le parterre donne ses quinze sols?

ARLEQUIN.

N'est-ce pas bien de l'honneur pour lui de voir des gens de qualité? Ma foi! quand il n'auroit que ce plaisir-là, cela vaut bien une mauvaise comédie.

COLOMBINE.

Assurément; c'est ce qui fait qu'il s'est mis en droit de vous siffler aussi-bien que les méchantes pièces.

ARLEQUIN.

Il est vrai que le parterre devient terriblement orgueilleux : ce sont ces Italiens qui ont achevé de le gâter. Savez-vous bien que cet été ils l'ont traité de monseigneur dans un placet? Le parterre monseigneur! j'enrage!

COLOMBINE.

Vous avez beau pester, le parterre fait du bien à tout le monde; il redresse les auteurs, il tient les comédiens en haleine; un fat ne se campe point impunément devant lui sur les bancs du théâtre : en un mot, c'est l'étrille de tous ceux qui exposent leurs sottises au public. Que ne vous mettez-vous dans les loges? on ne vous examinera pas de si près.

ARLEQUIN.

Moi, dans les loges! je vous baise les mains : je

n'entends point la comédie dans une loge comme un sansonnet; je veux, morbleu! qu'on me voie de la tête aux pieds, et je ne donne mon écu que pour rouler pendant les entr'actes et voltiger autour des actrices.

SCÈNE VIII.

ARLEQUIN, COLOMBINE, UN LAQUAIS.

LE LAQUAIS.

MADEMOISELLE, voilà votre couturière.

SCÈNE IX.

ARLEQUIN, COLOMBINE, MARGOT.

COLOMBINE.

EH bien! Margot, m'apportez-vous mon manteau?

MARGOT.

Oui, Mademoiselle; j'espère qu'il vous habillera parfaitement bien : depuis que je travaille, je n'ai jamais vu d'habit si bien taillé.

ARLEQUIN.

Ni moi de fille si ragoûtante. Voilà, mordi! une

ACTE III, SCÈNE IX.

petite créature bien émérillonnée. Écoutez, ma fille, où demeurez-vous ?

MARGOT.

Pas loin d'ici.

ARLEQUIN.

Tant mieux.

COLOMBINE prend le manteau.

Vous voulez bien, monsieur le Marquis, me permettre d'essayer mon manteau ?

ARLEQUIN.

Oui-dà, Mademoiselle ; vous pouvez vous habiller jusqu'à la chemise inclusivement. (Margot habille Colombine ; Arlequin badine.) Margot est, ma foi, toute des plus jolies, et il y auroit plaisir de lui margotter le cœur ; je m'assure qu'elle n'a pas quinze ans. Peut-on voir votre minois, petite femelle ténébreuse ?

(Il veut lever sa coiffe ; Margot se défend.)

COLOMBINE.

Allons donc, monsieur le Marquis, soyez sage. Que ne vous laissez-vous voir aussi, Margot, vous qui êtes si jolie ?

MARGOT.

Je n'oserois, Mademoiselle.

COLOMBINE.

Pourquoi ?

MARGOT.

C'est que monsieur Harpillon m'a défendu de

regarder les hommes; et il seroit fâché s'il savoit que je me fusse montrée.

COLOMBINE.

Qui est donc ce monsieur Harpillon?

MARGOT.

C'est un des gros fermiers, qui est mon parrain; il fait du bien à toute notre famille, et il a déjà donné un bon emploi à mon grand frère.

ARLEQUIN.

J'entends, j'entends; monsieur Harpillon a mis le frère dans un bureau, et mettra, s'il peut, la sœur en chambre.

MARGOT.

Oh! Monsieur, il n'y a point de ce que vous pensez à son fait : c'est un homme qui n'a que de bons desseins; il m'a promis de m'épouser; et pour preuve de cela, il m'a déjà envoyé une housse verte avec une bergame.

ARLEQUIN.

Fi! une bergame à une fille comme vous! Si tu voulois, Margot, m'épouser à la Harpillon, j'irois moi jusqu'à une verdure.

MARGOT.

Je vous remercie, Monsieur; cela feroit jaser le monde. Tenez, Monsieur, pour avoir été un jour promener avec mon cousin, vous ne sauriez croire quels contes on a faits. Il y a les plus maudites langues dans notre montée.

ARLEQUIN.

Écoutez, Margot; votre montée a peut-être raison, et il pourroit bien y avoir quelque chose à refaire à votre réputation.

COLOMBINE.

Margot peut aller partout, monsieur le Marquis; elle est sage, et j'en réponds corps pour corps.

ARLEQUIN.

La bonne caution! Croyez-moi, les environs de Paris sont terriblement dangereux. N'allez-vous point quelquefois au bois de Boulogne?

MARGOT.

Dieu m'en garde, Monsieur! ma mère me l'a défendu, et m'a dit que c'étoit un vrai coupe-gorge pour une fille.

ARLEQUIN.

C'est peut-être là que votre mère a été égorgée. Ma foi! cette fille me plaît. Ma mie, me voudrois-tu tailler une chemise et quelques caleçons?

MARGOT.

Je suis votre servante, Monsieur; on ne travaille point en homme au logis.

ARLEQUIN.

Eh bien! viens les faire chez moi.

COLOMBINE.

Justement! on garde des filles de cet âge-là pour votre commodité! vous n'avez qu'à vous y attendre. Mais il me semble, Margot, que ce manteau-là monte bien haut; on ne voit point ma gorge.

MARGOT.

Ce n'est peut-être pas la faute du manteau, Mademoiselle.

COLOMBINE.

Taisez-vous, Margot; vous êtes une sotte : tenez, remportez votre manteau ; j'y suis faite comme je ne sais quoi.

ARLEQUIN, à Margot.

Plus je vois cette enfant-là, plus elle me plaît.... Un petit mot : j'ai besoin d'une fille de chambre; je crois que tu serois assez mon fait. Sais-tu raser?

MARGOT.

Moi, raser! Je vois bien que vous êtes un gausseur : je mourrois de peur, si je touchois un homme seulement du bout du doigt. Adieu, Mademoiselle; dans un quart d'heure je vous rapporterai votre manteau avec de la gorge.

ARLEQUIN.

Adieu, adieu, petite nymphe du bois de Boulogne.

SCÈNE X.

ARLEQUIN, COLOMBINE.

ARLEQUIN.

Elle n'est, morbleu, pas sotte, et je l'aimerois presque autant que vous. Nous autres gens de qualité, nous aimons quelquefois à rabattre sur la grisette. Et de notre mariage qu'en dirons-nous?

COLOMBINE.

Je vous dirai, monsieur le Marquis, qu'avant que de vous épouser, je vous demande encore une grâce. Nous sommes un certain nombre de filles qui avons fait serment de ne point prendre de mari qui n'ait été reçu auparavant dans notre académie. Il faut vous y faire recevoir.

ARLEQUIN.

Moi, dans votre académie de filles! Vous vous moquez; j'ai des empêchements plus que légitimes. Et que faut-il faire pour cela?

COLOMBINE.

Ne vous mettez pas en peine : on vous habillera en femme; on vous fera peut-être faire serment d'être un époux commode, de laisser faire à votre femme tout ce qu'il lui plaira, de n'être point de ces maris coquets qui vivent de rapine, et laissent leurs femmes pour aller picorer sur le commun.

ARLEQUIN.

Quand on a de cette besogne-là toute taillée chez soi, on n'a guère envie d'aller travailler en ville. Allons, faisons ce qu'il vous plaira. Voilà qui est bien drôle, qu'il faille, pour vous épouser, commencer par se déshumaniser!

SCENE XI.

ARLEQUIN, MEZZETIN, en Sibylle; plusieurs Fourbes de la suite de Mezzetin.

(Cette scène du travestissement d'Arlequin consiste en jeu purement italien; les Fourbes chantent et dansent, pendant que Mezzetin dépouille Arlequin et l'habille en femme, et Mezzetin chante ce qui suit:)

MEZZETIN chante.

O toi qui veux épouser Colombine,
Reçois l'honneur que sa main te destine :
Tu n'étois qu'un vilain magot,
Un ostrogot,
Un escargot;
Tu vas être aussi beau qu'une fille
Gentille,
Ou peu s'en faut.

LE CHOEUR.

Tu n'étois qu'un vilain magot, etc.

MEZZETIN.

Reçois cette coiffure en malice féconde;
>Avec cet ornement,
>Tu peux facilement
>Insulter hardiment
>Et la brune et la blonde;
>Avec cet ornement,
>Tu charmeras tout le monde.

(Il fait des gestes en dansant, et chante.)

Micropoli, chariba, charistac.
Baroquina, bocardo, merlinbrac.
>Ministres de mon art,
>Versez tout votre fard
>Sur ce nez en pied de marmite;
>Barbouillez vite ce museau,
>Et nettoyez votre pinceau
>Sur cette trogne hermaphrodite.

(Deux Fourbes s'approchent d'Arlequin; l'un tient un pot de rouge et l'autre un pot de blanc, et ils lui barbouillent les deux côtés du visage.)

ARLEQUIN.

Je peux présentement résister à la pluie; me voilà bien peint.

MEZZETIN chante.

Ah! qu'il est beau!.... oh, oh!
>Le damoiseau
>Au museau
>De couleur de pruneau;
>Faisons le pied de veau :

Ah! qu'il est beau!..., oh, oh!

LE CHOEUR.

Ah! qu'il est beau!.... oh, oh!

(Ils s'en vont tous en chantant.)

SCÈNE XII.

ARLEQUIN, TRAFIQUET, COLOMBINE, PIERROT.

TRAFIQUET.

Que veut donc dire, s'il vous plaît, cette mascarade-ci?

ARLEQUIN.

Monsieur, je vous prie de me dire si je suis mâle ou femelle; car, ma foi, je n'y connois rien.

TRAFIQUET.

Vous êtes un fou, voilà ce que vous êtes.

PIERROT, riant.

Ah, ah, ah! Essuyez-vous, monsieur le bailli; vous êtes tout barbouillé.

COLOMBINE.

Je suis, mon père, disposée à vous obéir; mais je ne crois pas que vous vouliez me donner pour mari un homme qui est capable de pareilles extravagances.

ARLEQUIN.

Oh, oh! voilà qui est assez drôle. Par ma foi! s'il y en a, c'est vous qui les avez faites, et qui avez voulu que je me sois fait et marquis et ce que me voilà.... Voyez, ne me voilà-t-il pas bien désigné?

COLOMBINE.

Moi, je vous ai fait faire ces extravagances-là? Ma foi, monsieur le bailli, vous rêvez.

PIERROT.

Monsieur, quand je vous ai dit que j'étois mieux le fait de votre fille que cet homme-là; est-ce que je me trompois? Il faudra pourtant que vous y veniez.

TRAFIQUET.

Ce que j'ai vu tantôt, et ce que je vois présentement, m'oblige de vous dire, monsieur le bailli, que vous pouvez, tout de ce pas, vous en retourner dans le Bas-Maine, manger vos chapons; car pour ma fille, vous n'en croquerez que d'une dent.

PIERROT.

Que d'une dent, monsieur le bailli, que d'une dent.

ARLEQUIN.

Allez-vous-en au diable, vous et votre fille, petit vilain grigou raccourci. Adieu, la belle; je ne crois pas qu'il y ait au monde un animal plus méchant que vous. Il faut qu'un provincial ait bien le diable au corps, pour venir s'équiper d'une femme à Paris.

COLOMBINE.

Et qu'une fille à Paris soit bien près de ses pièces pour épouser un bailli du Bas-Maine.

FIN DE LA COQUETTE,
ET DU TOME CINQUIÈME.

TABLE DES PIÈCES

CONTENUES DANS LE CINQUIÈME VOLUME.

Préface................................ *Page*   1
Notices sur les acteurs de l'ancienne troupe italienne
    qui ont joué dans les pièces de Regnard.........   8
Avertissement sur le Divorce.................... 25
Prologue du Divorce............................ 31
LE DIVORCE, comédie en trois actes et en prose. 37
Avertissement sur la Descente d'Arlequin aux Enfers. 115
LA DESCENTE D'ARLEQUIN AUX ENFERS, co-
    médie.. 119
Avertissement sur l'Homme à bonnes fortunes.... 153
L'HOMME A BONNES FORTUNES, comédie en trois
    actes et en prose............................. 165
Avertissement sur la Critique de l'Homme à bonnes
    fortunes..................................... 243
LA CRITIQUE DE L'HOMME A BONNES FOR-
    TUNES, comédie en un acte et en prose....... 247
Avertissement sur les Filles errantes............. 269
LES FILLES ERRANTES, ou les Intrigues des Hô-
    telleries, comédie en trois actes et en prose.... 273
Avertissement sur la Coquette.................. 331
LA COQUETTE, ou l'Académie des Dames, comé-
    die en trois actes et en prose, mêlée de vers..... 335

FIN DE LA TABLE DU CINQUIÈME VOLUME.

www.ingramcontent.com/pod-product-compliance
Lightning Source LLC
Chambersburg PA
CBHW050910230426
43666CB00010B/2096